目次

表紙デザイン：いりす

- ●巻頭言（小花唯男） 2

特集Ⅰ　「こどもまんなか」の地域づくりと地域福祉実践　　4

子育てしやすく暮らして楽しい、賑わいのある地域の実現に向けて　　沼崎道子　5
「こどもまんなか」の地域づくりと地域福祉実践　　塚原　泉　8

特集Ⅱ　コミュニティソーシャルワーク・パワーアップセミナー 2024　　13

コミュニティソーシャルワークの新たなステージに向けて　　宮城　孝　14
多機関協働による外国人への包括支援　　田中慎吾　27
法人内部門間連携の取り組みについて　　梅本晶絵　33
伊那市における重層的支援体制整備について　　矢澤秀樹　37
八王子市のまるごとサポート体制　　大島和彦　42
重層的支援体制整備事業とコミュニティソーシャルワーク実践　　佐々木ひろみ　47
ｅスポーツを活用した関係性の脱構築の実践　　田中理絵　51
浦添市における地域づくりプラットフォームのひろがり　　石原宏紀　55
地域の存続のために進んだ法人合併の道　　片桐一彦　61
地域におけるCSWとSSW融合の実践について　　福貴　稔　65

特別報告　震災時の福祉実践記録　　70

令和6年能登半島地震における災害支援活動の現況と課題
　　　　　宮下吉広・宮下直也・辻村　渉・小鍛治康生・德田　朗
　　　　　上田浩貴・松本千春・永岡和徳・北脇宜和・野口茉衣　71
災害時における「常駐の医療ソーシャルワーカー」を中心とした支援活動の実際
　　　　　笹岡眞弓・平野裕司・福井康江　78

書　評
『命あるがままに』野辺明子・前田浩利編著　………………………… 評：上田夏生　92
『自分で始めた人たち』宇野重規著　…………………………………… 評：加山　弾　93
『私はカーリ、64歳で生まれた』Kari Rosball・Naomi Linehan 著、速水望訳　… 評：川名はつ子　94

投稿規定　95／編集後記　96

〈巻頭言〉

CSW 理論研究グループ「豊島福祉講」膝栗毛

1　豊島福祉講のはじまり

　CSW 理論を実践する道筋は平坦ではない。それは、行政と社会福祉協議会の日常的協働のもと、地域の地縁団体・知縁団体との連携を構築してすすめていく果てしない道程だ。豊島福祉講は、その道程の中で生まれた「講中」だ。石川到覚先生（大正大学名誉教授）を大先達、田中英樹先生（早稲田大学教授　当時）を先達と仰ぎ、豊島区地域保健福祉審議会に関わる研究者と実務家が参加して 2016 年にはじまった。田中英樹先生が、「みんなで旅をしながら CSW の理論を語り合おう。北海道新幹線にも乗りたいし……」と思い付き、なんとなくユルーイ感じのはじまりであった。そんなこんなで、第 1 回の合宿地は函館だった。

　ところで、表題を膝栗毛としたが、もちろん飛行機や新幹線も使う。ただ、その巡礼の旅は、まさに「膝栗毛」である。CSW 理論の展望を語り合いながら物見遊山に勤しむ。豊島福祉講は、そんな好奇心に満ちた修行の旅なのだ。我々は、2016 年から 2024 年まで 4 回の旅に出た。

2　なぜ「講中」なのか

　講中とは、本来信仰の組織である。もちろん CSW 理論は信仰ではない。おそらく、仏教に造詣の深い石川到覚先生が、研究者と実務家の不思議な勉強グループを「講中」に擬したのがはじまりだ。

　その時々の地域福祉 CSW 理論に関わる事象に興味を抱いて合宿に出かけていく姿は、まさに現代の「講中」といってよいだろう。また、興味の対象は変わっていくのだが、それが大事だ。その都度、新しい対象に集中することで、考察に広がりと深みが生まれる。また、メンバーに「乗り鉄」（呑み鉄？）がいるので、なるべく鉄道を使っているのも、現代の膝栗毛にふさわしい。

3　豊島福祉講は、何を研究してきたか

　第 2 回福祉講（金沢 2018）から、講中の体裁が整ってきた。豊島区の CSW 事業は 2015 年度をもって区内全域（8 圏域に各 2 名）への、コミュニティソーシャルワーカーの配置を完了したので、その効果を検証する時期になっていた。行政の事業実施では「費用対効果」の評価が欠かせない。財政負担に応えた成果を上げているかどうかの危惧は常に存在しているので、その検証をするために、金沢合宿では、豊島区での CSW 事業実践の記録を残す書籍の出版を決めた。

　書籍の編集には 1 年間の期間を要したが、出来あがった田中英樹・神山裕美編著

（2019）『社協・行政協働型コミュニティソーシャルワーク』（中央法規出版）は、類書がない中で好評を得ることができた。

第3回福祉講（秩父 2019）は、いわゆるコロナ禍以前の最後の合宿となった。秩父の合宿では、石川先生の提案で報告の場を設けることになった。参加者に報告者を募ったが、手が上がらなかったので、筆者が「自治会・町内会の歴史と意義」について報告した。大正大学での「地域活動入門」の講義を生かしての報告であった。

ちょうど秩父のお祭りの時期と重なったので、お神輿や山車の後を、ひたすら追いかけて歩いたのがよい思い出だ。石川先生が、とても楽しそうだった。

4　貧困理論を考察し、アイヌ民族の歴史に触れた札幌合宿

第4回（札幌 2024）は、初心に戻って北海道で合宿した。往復に飛行機を利用して札幌に2泊するという長めの旅程となった。この回では見学先を設け、また、初めてゲストをお呼びした。

旅程が長くなったので、白老町にある「ウポポイ（民族共生象徴空間）国立アイヌ民族博物館」まで足を延ばすことができた。アイヌ民族は、国家の政策によって生活基盤である土地や資源を奪われたばかりか、アイヌ語の使用を禁じられ、不当な差別を受けてきた。その歴史に触れることは地域福祉の研究者と実務家にとって必須と思われた。

研修の場には、中村和彦先生（北星学園大学学長）をお招きした。日本仏教社会福祉学会元会長の石川先生や、日本精神保健福祉学会会長でもある中村先生に参加していただけるのも、この講中の「強み」である。

研修のテーマは、原田和弘（2022）『実存的貧困とはなにか』青土社、の検討を通して「貧困理論の諸相を考察する」こととした。『実存的貧困とはなにか』は風俗従事者の状況について実証的に考察した論考であるが、相対的貧困論、社会的排除論などの通説に馴染んできた者には理解しがたい面が多い。階級・階層的貧困論を切り口にして議論を深めたが、「性の商品化」についての社会経済学的考察に通説がない現状では、落ち着きの悪いものとなった。宿題として、勉強を継続していきたい。

5　豊島福祉講中の未来

ユルーイ連帯で継続している「豊島福祉講中」は、これからも CSW 理論を実践につなぐ、楽しくてためになる講中でありたい。

研究者と実務家が、旅の中で地域福祉を論究する楽しさを読者諸氏にも味わってほしいので、興味のある読者は日本地域福祉研究所事務局にメールしてほしい。

巡礼の旅は続く。

日本地域福祉研究所　主任研究員　**小花唯男**

特集 I

「こどもまんなか」の地域づくりと
地域福祉実践

特集 I にあたって

　わが国の少子化傾向は約半世紀に及んでおり、近年の超少子化は、日本社会の持続可能性にとって最大のリスクとなっている。その大きな要因は、こどもや若者、また子育て世代の声を十分に聴き、そのニーズを明らかにし、十分な施策や実践として反映できていなかったからではないだろうか。地域福祉の実践や研究においてもマジョリティである高齢者を優先してこなかったであろうか。2023年度から、政府による「次元の異なる少子化対策」による「こども・子育て支援加速化プラン」が開始されるが、果たして脱少子化に効果があるのかについて、今後十分に検証していく必要があろう。

　2023（令和5）年4月に施行されたこども基本法の基本理念として、全てのこどもについて、その年齢に応じて、自己に直接関係する全ての事項に関して意見を表明する機会及び多様な社会的活動に参画する機会を確保されること、また、全てのこどもについて、その年齢に応じて、その意見が尊重され、その最善の利益が優先して考慮されることがあげられている。

　本シンポジウムでは、地域におけるこどもや子育てのニーズをくみ取り、地域ぐるみで先進的な取り組みを行っている東京都八王子市の「まほうのほうき」代表　沼崎道子氏、「NPO法人　親がめ」理事長　塚原泉氏、「岡山県奈義町」総務課課長　森安栄次氏にシンポジストとしてご登壇いただき、各団体、自治体の実践から学び、今後の「こどもまんなか」の地域づくりに向けた地域福祉実践のあり方を探ることとしたい。

（宮城孝／日本地域福祉研究所理事長、法政大学現代福祉学部教授）

特集I 「こどもまんなか」の地域づくりと地域福祉実践

子育てしやすく暮らして楽しい、賑わいのある地域の実現に向けて

まほうのほうき　代表　**沼崎道子**

　まほうのほうきの代表の沼崎と申します。

　活動拠点である駄菓子屋［Yottette］は八王子市の、JR八王子駅から徒歩5分かからないところにある場所で駄菓子屋を2022年の4月から始めました。

　まほうのほうきという名前は、理想なのですが、何か困ったことが起きたらその人のもとへまほうのほうきに乗ってさっと飛んで行き、困ったことをさっと解決できるような存在になりたいと自分の頭の中で考えていたのですが、そういった活動ができる拠点ができたので、まほうのほうきという団体の名前にしました。

　運営スタッフは主に自分が今まで仕事をしてきた中で関わってきた、学校の先生や保育士さん看護師さん、福祉関係の仕事をしている人などが立ち上げ当初は中心になって始めました。今は地域のシニアの80代のお姉さんたちにも駄菓子屋の店番を手伝ってもらったり、大学生にもボランティアで入ってもらっています。

　場所ですが、実家の隣が空き家で、5年前に売りに出されると話があり、自分の母

親の姉が離れたところで90代で一人暮らしをしていたので、両親と叔母が購入し、私と叔母が一緒住み始めたのですが一年しないうちに亡くなってしまいました。

　その場所で自分が今までしてきたことで活用できないかなと思い親に相談したのですが、大反対でそんなことのためにここの家を買ったのではない！　というところから始まりでした。そのような中、里親支援の［ほいっぷ］という団体があるのですが、子ども食堂として活動中にコロナ禍になり、食料配布のみ行っていたのですが、借りていた家が売り出されてしまい、活動場所がなくなってしまったと聞きました。そこで、子安町にある家でよければ、使いませんかと声をかけ使っていただくことになりました。このことがきっかけとなり、親も家を使うことに賛成してくれることになりました。

　八王子市の拠点整備部、市街地活性化の令和3年度のまちなか魅力作り支援補助金の採択を受け、駄菓子屋になる部分を主に改修工事をしていただきましたが、お金は足りず、壁を仲間と塗り、できることは自

分たちで行いながら始めました。

Yottette は駄菓子屋が入口にあり、店の奥の四畳半の二間を、子供たちの居場所として開放しています。火曜日から土曜日まで営業しています。これからの目標なのですが、毎日 19 時まで営業して、小学生だけではなく、中学生高校生大学生もいられるような場所になればと思っています。

土曜日にイベントを開催することが多く［小津倶楽部］に作ってもらった机と椅子をペイントしたり、ケーキ作りや沖縄料理教室を行ってきました。今後は食に趣をおき、活動をしていきたいと思っています。

Yottette の四畳半二間の居間は、駄菓子を買わなくても子供たちが走って入っていけるような場所です、最初は子ども達がゲームをやっている姿を見て、ここに来てでもゲームをやるのかとか思い、少し嫌だったので、ここにいるときは 30 分までというルールを作ったのですが、そんなことはお構いなしで 1 時間でも 2 時間でもやっていました。なのでここで顔の見える友だちとオンラインゲームをしているからこれはこれでいいかと思い直し、ルールを無くしました。本当に危ないときだけは注意をします。

昨年、夏休みに入った初めの 1 週間の午前中、宿題を早い時期に終わらせようという声掛けをし、お昼はおにぎりとお味噌汁などを提供しました。子ども 2 人に対して大学生 3 人とか大人が 4 人のこともあったのですが、今年は周知に対しての努力をしてもっと参加出来る子を増やしたいと思っています。

地元町会の方にも最初は駄菓子屋と伝わるまでに時間がかかりました。子どもは居ていい場所だけど、大人は入りにくい場所だったようです。八王子市の広報に載り、クローズアップ現代に取材を受け放映されたことで、地域の人たちからも認識していただけるようになりました。夏祭りには二つの町会から駄菓子屋として出店の依頼があり、地元商店街の方からもイベントに参加依頼をしていただき、地域へも浸透してきました。

まほうのほうきの中にはいくつかの部門があり、その一つの Mottette。サイズアウトして着られなくなった子供服を Yottett で回収させていただき、それを困っている方々には提供し、月に 1 度八王子駅南口で開催される［南口マルシェ］に参加し、すべていただいた洋服なので 100 円で提供しています。参加して 2 年目ですが定着してきて、そこでリユース服の回収もできるようになりました。また外国の方も多く住まわれていて、少しお役に立てているかなと思っています。

Yottette 食堂です。毎月第 4 金曜日の 17 時半からと 18 時半からの 2 回転です。四畳半二間なので食堂をやるには狭くて、15 人ぐらい来られると一杯になってしまいます。もっと多くの方に回数を増やして違う曜日にやった方がいいだろうなという思いはあるのですが、1 年やってきた中でアットホームな感じで、食べながら来た人たちが一緒にお話できるような温かい雰囲気になってきているかなと思っています。

これとは別に、毎週火曜日非公開で夕飯の提供をしています。それは最初に立ち上げたときから、児童民生委員さんから、気

になる地域の2家族がいるということでした。その方達がなんとか Yottette にくる方法はないかと聞かれ、毎週火曜日に必ず夕飯を提供することにしました。その2家族以外にも7時ぐらいまでお母さんの許可のもとですが、子どもたちにも提供しています。

　毎月第1土曜日には。食料配布をしています。フードバンク八王子や近隣のファミリーマートや地域の方々から食品を提供していただき、地域の困っている方々に、食品をお渡ししています。その際には必ず、その方々から困っていることはないかなど聞き取りをし、食料を配布しています。

　私がまほうのほうきを始める前から参加している、八王子市の小津町に［NPO法人小津倶楽部］があります。過疎地域で高齢化が進んでおり、耕作放棄地の畑がたくさんあります。そこを地元の方々と外部から行くものと一緒に利活用しています。そこに Yottette に来る子供たちも一緒に連れて行き、里山体験や土づくりから収穫の手伝いを少ない人数ではありますが体験して

もらっています。出来た作物も Yottette 食堂や食料配布に使わせてもらっています。

　高齢者の関係にはなりますが、Aluttette です。ノルディックウォークを月に2回実施しています。ノルディックウオークの指導員、地域にある清智会記念病院のリハビリの若い先生たち高齢者安心相談センター子安の方々がスタッフとして活動しています。

　まず一歩家から出ることを目標にまずそれで OK みたいな感じです。歩くのがやっとの方々はその公園の中だけでリハビリの先生と歩き、健脚な高齢の方々は公園を出て街の中を散策しています。

　困りごとを解決する地域のお助け隊を昨年度から始めました。介護サービスではできない草むしりや電球の交換などを引き受けています。最近は中学生女子も手伝ってくれるようになり、子どもも大人も一緒になって地域のことは地域で解決できたらと考えています。

特集Ⅰ 「こどもまんなか」の地域づくりと地域福祉実践

「こどもまんなか」の地域づくりと地域福祉実践

特定非営利活動法人親がめ理事長　塚原　泉

**すくすくかめっ子事業とは
10年20年続く子ども達の
ふるさと事業にしよう～**

　令和5年こども家庭庁創設に伴い「こどもまんなか社会」が掲げられ、こども基本法・こども大綱制定の基、こどもの育ち・こどもの権利にスポットを当てる子育て・子育ち支援方針へと大きく舵が切られました。

　こどもとともに、こどもの声を聴きながら、各自治体の子ども子育て支援事業計画の次期計画において具体的な施策がどう展開されていくのか、アンテナをより磨いていく時代を迎えています。

　さて、私が住む横浜市神奈川区では、子ども・子育てを接着剤にしたまちづくり事業「すくすくかめっ子事業」を区と地域の協働で育んできました。令和7年に25周年を迎えます。

　年月を経て宝物となったすくすくかめっ子は、今では、分野を超えたさまざまな広がりと顔の見える関係を生みだし、"菌根ネットワーク"（木の根っこなどが地中深く絡み合い、育み合う様子）となりました。

　今から約30年前（1996年）、核家族化が進み地域社会の希薄化等により孤独な子育て＝弧育てが課題となっていました。神奈川区福祉保健センターでは、保健師チームが中心となり、地域の子育てグループリーダーなど子育て当事者のちょっと先輩世代を巻き込んだ「仲間と楽しく子育て事業」を3年間実施（1996～1999）。親子の日常的あそび場である公園の砂場（約20か所）で月1回ダイナミックな外遊びタイムを届けていました。互いが顔見知りとなり日々の交流につなげる機会作りと、子どもの外遊び推進が目的でした。しかし、子育て世代だけを対象とした月1回事業では自主的な場づくりにはつながりませんでした。

すくすくかめっ子事業の仕組み

　そこで区は、3年の事業見直しに当たり、「子育ち・子育てを見守り育む地域づくり、文化の醸成には、地域の町内会自治

会を基盤とした多世代の関わりを生みだす仕組みづくりが重要」とのビジョンを掲げ、福祉保健センター・福祉課・地域振興課の3課合同チームを作りました。合わせて町内会自治会の各キーパーソンの皆さんに、事業経過説明・報告と共に理解と支援の承認をいただく「子育て支援委員会」を設けました。別組織として、地域で町内会自治会・子育てに関わる様々な活動を拡げ、フットワークの軽い多世代のメンバー10人ほどを一本釣りで招集し、区チームと合体、実働部隊「親がめ会議」を誕生させました。

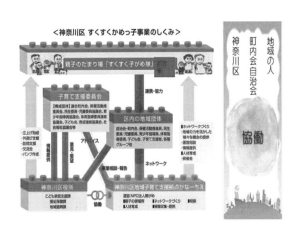

　私は当時、目黒区児童館を10年勤務後育児等のために退職、勤務時代に目黒区で受けた地域からの温かい恩を、地域（横浜）に返したく、保育ボランティア自主グループ、横浜市子育て支援者相談事業、プレイパーク自主運営等の活動をしており、このメンバーに保健師より、声がかかり参画しました。

　地域活動を円錐に例えてみます。底辺から活動を拡げようとすると上に行くにしたがって、壁にぶつかります。しかし、頂点から大切な核となるボールを、多方面に丁寧に対話を重ねながらまんべんなく渡すと、核はスムーズに流れます。親がめ会議メンバーに、地域キーパーソン4人が参画、それぞれの立場で各種会議等に区職員と共に啓発行脚を重ねつくりあげた、各所で受け取りあえるこの仕組みのデザインが、町ぐるみを謳うかめっ子スタート期と継続を支えるものになりました。

0からの青写真づくり
～やらされ感ではない自分達の動機が核になっていること～

　すくすくかめっ子は、地域の中にある社会資源、町内自治会館等を開放した、乳幼児親子と町の人がふれあう居場所です。（月1回～2回・2～3時間、現在区内47か所で開催）この"親子のたまり場"にたどり着くまでに区は、空白の1年間を設けました。まだ協働という概念が浸透する前のパートナーシップの重要性が謳われていた時代でした。

　親がめ会議では、何が子育てスタート期の孤育ての解消につながるのか、様々な立場から本音の語り合いを重ねました。

　「ただ区に言われて、2～3年で終わるような打ち上げ花火みたいなことなら俺はやらないよ。10年・20年続いていく子どもたちにとってのふるさとづくりをしていきたい」町内会役員ベテランメンバーからの力強い言葉が、この事業の核となりました。

　支える人も、場も、お金も（後に区社会福祉協議会が助成金事業を創設しサポート・立ち上げ初年度には区から5万円助成）

すべて町の自力の事業は、長く続けていくと色々な事柄が起きます。その都度、この言葉に立ち返り、動機を膨らませながらチーム力を育て対応していきました。区による町内会自治会と子育て当事者へのアンケート実施、現代の子育て子育ち事情学びタイム、公会堂での啓発事業を積み重ねながら、町の中に親子と町の人が集う場づくり事業の形が見えてきました。親がめ会議メンバーが所属する連合町内会含め、次年度に10か所のかめっ子親子のたまり場が立ち上がりました。その後、隣町の活動は、横揺れ的に連鎖していき区内47会場に拡がっていきました。次表を、かめっ子の根っことし、運営はその町の特色を活かして自由に、100町100通りの魅力を打ち出しています。

> **すくすくかめっ子長続きのツボ**
> 1、プログラムをつくらない
> 　　人がいて場があるだけで十分
> 2、支え手はすべてボランティア
> 　　できる人ができる時にムリなく楽しく
> 3、これからの世代にも伝え続けたい
> 　　ケガと弁当は自分持ち・自分の責任で自由に遊ぶ
> 4、町ぐるみで支え合う安心感
> 　　様々な委員会、組織が支えてくれる
> 5、支え手は語り合い、学び続ける
> 　　居心地のいい場・大切な場とは何かを問い、語り合う

対話と学び合いが事業継続の吸引力 地域子育て支援拠点の開所

2000年（平成12年）の事業スタートから7年後の2007年（平成19年）、横浜市が18区展開を進める地域子育て支援拠点事業の4区目に神奈川区の開所が決まりました。行政と民間法人が互いの強みを活かし協働運営する拠点事業受託を目指し、親がめ会議メンバーからチームを作り急ピッチでNPO法人親がめを立ち上げました。そして、公正な審議を経て念願の受託へと繋げることができました。

区は、かめっ子事業の推進・継続のために区づくり事業を進め、拠点開所と共にNPO法人親がめに事業を委託しました。毎年、全体交流会・方面別交流会・全体学びタイム・かめっ子訪問・かめっ子ニュース季刊誌発行を担い、企画、ふり返りを区と共に行っています。

地域子育て支援拠点は「地域力の創出」を目的に、子育て・子育ち支援機能に加えて情報・人材育成・ネットワーク・横浜子育てサポートシステム（ファミリーサポートシステム）事務局・利用者支援事業の多機能型の役割を担います。

拠点の理念：地域とのネットワークを育み、深める中で共に地域力を創出する

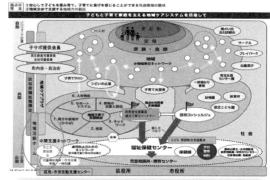

利用者支援事業：拠点機能を基盤に、個別支援と地域連携をさらに深める

地域子育て支援拠点かなーちえという「常設の場」を持ち、地域コーディネーター職員として、親がめメンバー5人が常駐できたことは、大きな力となりました。区担当課（福祉保健センター・こども家庭支援

担当)・保健師チームと、これまでよりも密度濃く、対話とコミュニケーションを深め、信頼関係を育み、協働を体現していきました。長続きのツボに6つ目を加えるとしたら、この、行政と民間の協働の物語と、中間支援組織としての「場・人」が誕生したことがあげられるでしょう。

ネットワーク×ネットワークの拡がり

地域子育て支援拠点では、分野を超えたステークホルダーとのネットワークが育まれ拡がり重なり合います。保育所子育て支援連絡会・中学校での親子とのふれあい授業・他自治体の見学・大学生の実習、卒論研究依頼・横浜子育てサポートシステムの預かりの場・こんにちは赤ちゃん訪問事業・各種地域グループなどなど、かめっ子との様々な連携が生まれていきました。顔の見えるつながりが基盤となり、イイネが自在に形になっていきます。

人材の循環・バトンが渡っていく〜

10年が経過した頃から、それまでの利用者が"次世代の子育て応援隊"となって、かめっ子の立ち上げや、通っていたかめっ子の支え手としてチームに加わってくれるなど、嬉しいバトンがつながっています。人材の継承は大きな課題です。

町内会委員とかめっ子支え手の役割がリンクし、交代がスムーズなこと、若い世代が仕事と地域活動を両立しながら共に場にエネルギーを注入してくれることは、この事業の大きな強みになっています。

共感と知の循環が生み出す感動が原動力

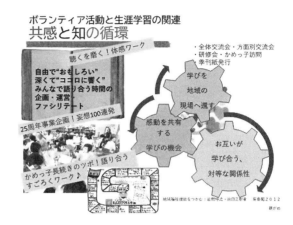

これまで重ねてきた、何より現場に関わる人達の、声と思いに焦点を当てた学び&対話タイムからは、数々の金言が生まれてきました。「かめっ子にはそれぞれのにおいがある・人間が好き、やり取りがあって感情が生まれるからおもしろい・かめっ子菌根ネットワーク・自分の生きがい」そして「こどもたちのふるさとづくり」。言葉は時々に胸に深く沁み込んで、場を共有する人たちの琴線に触れ現場の親子への"親身さ"となって伝播していきます。時代が変わり社会が変わっても、人間の感情は変わらない。豊かな感情を伴う体験の場の積み重ねは、心の湖底に沈む透明な小石となって、ゆらゆらと揺れ続けている。関わる人、皆にその小石があることが、見えないけれどわかる。こんな景色がまっていてくれました。地域活動の醍醐味であります。

こどもまんなか社会＝まちづくり

すくすくかめっ子は、まさに子ども・子

育てを接着剤にしたまちづくり事業です。ふり返ると、町の人の健康・幸福度も上がる、多世代×多分野巻き込み型へと展開しています。これからは、"こどもまん中社会"を肝に、こども界の人達とともに拓いていく新な一歩が始まります。

ラシク045（一社）令和5年度フォーラムまとめ図

私が所属する、課題解決型ではない市域ネットワーキング法人が開催したフォーラムのまとめでは、"碁盤の目の中にある公民様々な場・人・機会・ネットワークの情報を浸透、発信する仕組みを基に、縦・横・斜めに串をさすように繋げる人材の発掘と、これから生まれるであろう場をさらに増殖させていくことが重要であり、そのために各自が、大小いろいろな対話と創発の場を創っていきましょう"と発信しています。全ての子どもたちに、その子らしく豊かな子ども時間と権利が保障され暮せる社会、町づくりには、こどもまんなか社会のビジョンが道標になります。小石を磨きまだ見ぬこれからの景色を眺めるためにも、チームで問い続け、アクションの輪を拡げてまいります。

特集Ⅱ

コミュニティソーシャルワーク・パワーアップセミナー2024

特集Ⅱにあたって

　日本地域福祉研究所は、コミュニティソーシャルワーク実践者養成研修システムを2004年に開発し、2005年度から全国の各都道府県社会福祉協議会などで実施してきた。以来、この養成研修の受講者は、4,500名を超えようとしている。また地方自治体における包括的支援体制の構築に向けた重層的支援体制整備事業が、2021年度から全国の自治体において試行的に実施されている。コミュニティソーシャルワーク実践は、地方自治体における包括的支援システムの構築を担う中核的なソーシャルワーク実践として位置づけられたと言えよう。

　一方、地域社会においては、複合的な課題や制度の狭間問題、生活環境の脆弱化など多くの課題が広がり深刻化している。さらに今後、超高齢・少子化の進展や単身化・多死化社会の到来など、社会構造が大きく変化することにより、地域住民の生活上のニーズや地域における課題は大きく変化していくことが予測される。

　本セミナーは、このような社会的な環境の変化に応じたコミュニティソーシャルワーク実践の質的向上と普及を図るために、全国の関係者が集い活発に討議することを通し、コミュニティソーシャルワーク実践が地域住民の期待に応え、さらにパワーアップすることを目的として、2024年8月30日（金）から8月31日（土）に、天候状態の悪化に伴いオンラインにて開催した。

　主なプログラムは、下記の通りである。

（8月30日）

　　第Ⅰ部　基調講演「コミュニティソーシャルワークの新たなステージに向けて」──超少子・高齢社会における地域社会の変容とそのニーズに応えるために──

　　第Ⅱ部　シンポジウム「地域の生活課題・ニーズに応えるコミュニティソーシャルワーク実践がパワーアップするために」

（8月31日）

　コミュニティソーシャルワークの実践報告

　　第Ⅰ部　テーマ「重層的支援体制整備事業とコミュニティソーシャルワーク実践」

　　第Ⅱ部　テーマ「新たな視点によるコミュニティソーシャルワークの展開」

　　　　　　（宮城孝／日本地域福祉研究所理事長、法政大学現代福祉学部教授）

特集Ⅱ コミュニティソーシャルワーク・パワーアップセミナー2024

基調報告

コミュニティソーシャルワークの新たなステージに向けて
——超少死・高齢社会における地域社会の変容とそのニーズに応えるために——

日本地域福祉研究所理事長・法政大学現代福祉学部教授　**宮城　孝**

Ⅰ　地域福祉をめぐる課題の広がりと今後の社会構造の変容

　ご紹介いただきました日本地域福祉研究所理事長の宮城です。本日の内容は、以下の3点となります。1点目が地域福祉をめぐる課題の広がりと今後の社会構造の変容、2点目が地域福祉をめぐる中・長期的な課題と展望、3点目がコミュニティソーシャルワークの新たなステージに向けてになります。

　最初の地域福祉をめぐる課題の広がりと今後の社会構造の変容は、第一の経済的影響による生活困窮者の増大は、コロナによる経済的打撃や最近のインフレの影響などがあげられます。続いて、コロナ禍による自粛生活の長期化による社会的に孤立する人の広がりや問題の深刻化があげられます。具体的には、独居高齢者の孤独死について、警察庁が最近初めて、年間約6万8

千人が孤独死をしているという推計を公表しています。また、私が大変危惧していますのは、うつ病などの精神疾患の人が非常に多くなっているのではないかということです。厚労省によると2022年度で精神保健福祉手帳所持者が120.3万人になっているという報告がされています。将来への不安というものが精神疾患に結びつくという時代になっているのではないかと思います。また、ひきこもり状態にある人は、2023年の内閣府の公表によると推計146万人となっており、大体2％強の人が、広い世代でひきこもり状態になっています。不登校児童について、文科省が2023年に公表していますが、在籍児童の3.2％となっており、1年間で22.1％増加し、中学生は約6％になっています。私が非常に危惧していますのは、さらに、不登校の児童がそのままひきこもってしまい、長期化してしまうことです。また、対面による地域における活動が、コロナ禍で長期的に休

止をしており、町内会・自治会、老人クラブなどの地縁組織が弱体化しており、活動の休止や役員が高齢化して役員のなり手がいなくなっているのではないかと思われます。

つまりこのようなデータからも、様々な問題が広がり、深刻化していると同時に潜在化をしている。コミュニティソーシャルワークにおけるニーズのキャッチとかアウトリーチの役割が、非常に重要になっています。

また、人口の急減、単身・多死化社会の到来と今後の地域福祉について述べたいと思います。国立社会保障・人口問題研究所（以下社人研）が、2023年4月に2020年の国勢調査をもとに、最新の「将来推計人口」を公表しています。それによると、2056年に総人口が1億人割れすると推計しています。これから年間平均75万人程度減少していくことになります。また団塊の世代がすべて後期高齢者になるのが2025年ですので、特に2030年頃から多死化社会に入り、人口が急減していきます。

またご承知のように、コロナ禍で子どもの出生数が減少しています。2020年から2023年の3年間で12万人子どもの数が減っている。この3年間で13.6％減少しています。それと重要なのは、社人研が2023年12月に地域別の将来人口推計を公表しています。例えば、東日本の被災地である宮城県の南三陸町は2020年現在で1万2千人の人口が、2040年には7千人強という、この20年間で人口が40％強も減少するということが推計されています。これはあくまでも推計ですが、今後の

人口の推移を将来予測として、押さえていくことは地域福祉にとって大変重要な要素だと考えます。5年前と異なる推計方法は、前回は将来の出生率を1.44として推計したのですが、今回は、1.34としています。2023年が1.20となっていますので、さらに低くなる可能性も考えられます。さらに、在住外国人が2070年に938万人になると推計しており、2070年には外国人が全人口の10.8％になるとしています。個人的には、さらに早く1割になるだろうと予測しています。その理由として、リクルートワークス研究所が2040年に労働力が1,100万人不足するという報告書を公表していますが、すでにエッセンシャルワーカーなどが深刻な労働力不足になっている現実があります。

この人口構造の変化が各地域社会にどのようなインパクトをもたらすかということを予測するということ、これは各地方自治体で相当違いがあり、それぞれの地域の将来の人口推計はどうなるかということを予測することは、地域福祉実践やコミュニティソーシャルワークを展開する上でも非常に重要な要素になることを確認しておきたいと思います。

また、単身化についてですが、これも同じく社人研が2024年4月に日本の世帯数の将来推計を公表しています。2020年には単身世帯が全世帯の38％、これが30年には41.6％、2040年には43.5％と推計されています。単身世帯は、大都市部ではさらに多くなると考えられます。その要因として、未婚化・非婚化が増加することがあげられています。単身世帯が増加し、

子どもがいない人が増えるということは、子どもや親族によるサポートを前提としない、地域におけるソーシャル・サポート・ネットワークの構築が求められるということが言えます。

そして、約3年に及んだコロナ禍によって大きく傷んだ地域社会がレジリエンス（復元力）を機能させることができるかどうかが問われていると考えます。先に延べたように、今後、少子高齢化の進展や人口構造の変化など社会が大きく変容していく。その意味で、中長期的な視点に立って、自らの地域の社会構造というものをアセスメントし、そこから発生する課題に対応するために、論理的な思考と効果的な実践方法の探求が求められます。

II 地域福祉をめぐる
中・長期的な課題と展望

第二に、地域福祉をめぐる中・長期的な課題と展望ということで、本日は次の5点にわたって述べたいと思います。

1. 超少子化と人口急減社会による地域への影響

第一に、先に述べたように超少子化と人口の急減によって、地域の生活環境が今後大きく影響を受けるということです。これまで社会福祉協議会も含めて、どちらかというと高齢者優先に事業、施策を進めてきたのはないかと思いますがいかがでしょうか。今後、地域福祉において、超少子化と人口の急減がどのような影響をもたらすか、中・長期的に予測していく必要があり

ます。

また、地域福祉におけるジェンダーの視点という点です。最近、ある県社会福祉協議会（以下、社協）の会長・事務局長会で講演をする機会がありましたが、約70名の参加者の内、女性の会長、事務局長は残念ながら1割に達していませんでした。社協の現場職員は女性の比率が高いにもかかわらず、会長や事務局長は、圧倒的に男性が多いというのは、ジェンダーの視点から見ていかがでしょうか。今まで地域福祉領域において、経営の領域ではジェンダーの視点が非常に弱かったことについて問題提起をしておきたいと思います。

続いて、子育て世代の孤立化を防止することについてです。地域における子育て支援について強化する必要性があります。例えば、子ども食堂がコロナ前には約5千だったのが2023年には9,000を超えています。このことは、子どもの貧困問題について市民の共感性が高いことが言えるのではないかと思います。

横浜市神奈川区のNPO法人親がめでは、都市部において47の子育てサロンがあり、20年間継続して行われています。行政や社会福祉協議会が支援をしてこのような広がりを実現しています。都市部の中でもこのように子育てサロンを丁寧に展開することは、地域の中で子育てを文化にしていくことにつながると言えます。このような先進的な取り組みを参考にしながら、地域における子育て支援の強化が求められています。未来を担う子どもをどうやって育てていくかという地域文化の創造を、コミュニティソーシャルワークでも展開していくこ

とが重要なテーマだと思います。

私は、少子化、人口減少の危機的な状況への対応として、結果を示した自治体には、メゾ的な視点としてのヒントがあると考え、手厚い子育て支援、移住支援により近年人口が社会増となった地方自治体の施策や実践を調べています。例えば、岡山県の奈義町では、2019年に合計特殊出生率が2.95という驚異的な出生率を示しています。また。島根県の邑南町では、5年間の出生率が2.05となっています。同じく島根県海士町では、約2,000人の人口で、最近人口が3人増えた年があります。また、大分県豊後高田市、長野県南箕輪村、宮田村、北海道の東川町、茨城県境町、千葉県流山市、兵庫県明石市などがあげられます。また外国人の転入増加によって社会増となっている自治体は、岡山県総社市、島根県出雲市、北海道倶知安町、ニセコ町などがあります。

全国的に人口減少している中において、出生率の向上、人口が社会増になっている自治体の数は多くはありませんが、そこに共通しているのは、少子化と人口減少への強い危機感を行政などが共有してきています。そして、市長の強いリーダーシップがある。また、若い世代のニーズをきめ細かく把握したうえでの効果的・包括的な施策の実践がなされている。医療、福祉、住宅、就労、教育など、まさにこれが包括的な支援体制ではないかと思います。例えば、島根県邑南町は、人口約1万人ですが、病児保育が2ヶ所あります。利用者も年々増加しています。そのように、どのようなサービスを子育て世帯が求めているのかをてい

ねいに把握しています。日本の少子化の原因は、このように子育て世代のニーズをしっかりと把握してこなかったことに大きな要因があると思います。

また、地域の自然環境や文化遺産など、地域の強みを活かすこと。そして、行政だけではなく、関係機関や地域住民と協働した取り組みが行われています。さらに、10年・20年と粘り強く継続的に取り組んでいることが共通しています。

2．地域の生活基盤の脆弱化、介護人材等の不足の深刻化

次に、現在地域の生活基盤の脆弱化、介護人材等の不足が深刻化していることをあげます。今後20年間で生産年齢人口が、全国平均で21％減少していきます。そして、地方自治体では納税者が減少していきます。自治体間の財政格差が広がり、生活環境維持のリスクが高まっていきます。福祉分野では、介護などのマンパワー不足の危機的な状況がすでに生じています。また、過疎地域等における移送サービス、介護サービス提供の困難性が深刻化しています。

日本の介護保険制度は、準市場により民間企業の参入を促しサービスの量を保とうとしてきました。この準市場のシステムが限界性を迎えています。下記の図は、全国の被保険者（自治体）における高齢者の人口密度と高齢化率をプロットしたものです（2015年現在）。

これによると東京都の23区は、高齢化率は20％強ですが、1キロ平米に高齢者が3千人から4千人強居住しています。一

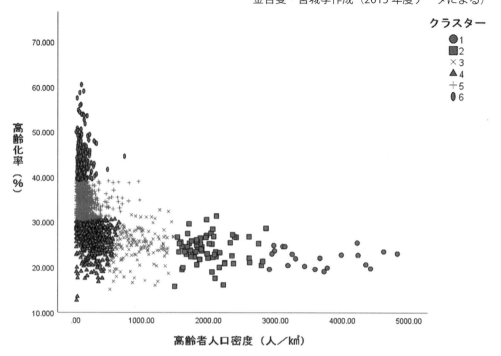

図1　全国介護保険の保険者の高齢化率と高齢者人口密度によるクラスター区分
金吾燮・宮城孝作成（2015年度データによる）

方、北海道の過疎の町村では、高齢化率は50～60％となっており、1キロ平米に高齢者は。50人未満という地域もあります。このような大きな差があり、同じようなシステムでサービスが維持できるでしょうか。全国一律のシステムでは、現在の介護サービスを維持できないと考えます。

例えば、北海道の美瑛町では、介護施設や医療機関が中心市街地に偏在していました。市街地の周辺では2メートルの雪が積もり、冬期の高齢者の暮らしをいかに守るかが大きな課題になっていました。そして、市街地から距離のある場所に空き家等を活用した「小規模多機能型居宅介護」を整備し、認知症高齢者等の在宅生活を支えるという試みをしています。地域特性に合わせたサービス提供、拠点を整備・開発し、その拠点活動に高齢者や地域住民が積極的に参加しています。このように、高齢者の介護領域に関しても地域の特性に応じた拠点やサービス提供のあり方を今後ますます検討する必要があると考えます。

続いて、介護系職員が深刻な人材不足に陥っていることを述べたいと思います。厚労省が2023年に公表しているデータによりますと、ホームヘルパーは、平均年齢54.4歳、もう既に70歳以上のヘルパーもいます。ヘルパーの有効求人倍率は、15.5倍となっています。また、ケアマネジャーの平均年齢は53.0歳、多くの現場でほとんど新しくケアマネジャー資格を取る人はいないと言われています。有効求人倍率は4.19倍です。ケアマネジャーの事業所は、53％が民間であり、小規模事業者が多く経営基盤が弱い状況にあります。

香川県では町村社協でケアマネセンター

の設立を検討しているとのことです。今後、地方自治体がケアマネセンターの基盤整備をするなどの施策が必要となってくると思われます。また中山間地におけるデイサービスセンター、小規模多機能型拠点などを指定管理とする、ホームヘルパーの待機・移動に関する費用補償などを行うなどの施策が求められます。ホームヘルパー3人の方が、国を相手に裁判を起こしました。2024年2月に高等裁判所が結審し、裁判に負けはしましたが、ヘルパーの方々の危機感というものが社会に伝わったという意義があったと思いますし、その危機感をさらに広く共有すべきであると思います。

3．生活困窮者層の増加と支援の重層化の必要性

続いて、生活困窮者層の増加とその支援の重層化の必要性ということについて述べます。コロナ禍でこれまで福祉にあまり縁のなかった方たちが、社協の特例貸付で相当受給をしています。それらの人たちは、業種としては、飲食業、観光業、自営業などであり、また、ひとり親世帯、外国人、非正規労働者などの人々です。つまり今日の産業構造の弱点が表われています。例えば、観光業は自然災害に弱いわけです。日本は、過去にはものづくりで経済の発展を支えていたのが、グローバリゼーションの影響でものづくりが弱くなり、産業がサービス産業に偏っていた。そして、このサービス産業に偏った産業構造の弱点が、コロナ禍において表われたわけです。そういう意味では、偏った産業構造だけに依存していると、生活困窮者の人たちは低所得の状態をなかなか変えることができない。その点では、伴走型支援によって転業支援を行っていく。この社会復帰機能を、私は「リカバリー機能」と言っていますが、このリカバリー機能を拡充していくことが重要だと考えます。

重層的支援体制整備事業の弱点・課題として、先行した自治体において相談件数は増加しているが、その効果があがっているかどうかという現場の声があります。また、居住支援や就労支援というのは、果たして参加支援と言えるでしょうか。居住支援、就労支援というのは、基本的な生活保障ではないでしょうか。今の参加支援というのは、居場所づくりに偏在しているのではないかと思います。求められているのは、先ほど申し上げましたリカバリーの機能であり、このリカバリーを支える社会資源が地域の中でまだまだ不足しています。居場所だけではないリカバリーの場と機会と開発することが求められています。

例えば、社会福祉関係者でも、ハローワークの「ハロートレーニング」という事業を知らない人が多い。ハローワークは、転職の斡旋だけをしているのではなく、職業訓練事業を行っている。そこでは、基礎コースと実践コースがあります。少し古いデータですが、令和2年度で約2万4千人が受講し就職率が52．5％になっています。特に実践コースの介護、医療、福祉のコースでは72％の人が就職できている。条件によっては、そこに通う手当てを出してくれる。例えば、飲食業の方は同じように飲食業に勤めようとしますが、いかがでしょうか。飲食業そのものが今後とも安定する

かどうかはかなり難しいと言えるのではないかと思います。重要なのはやはりスキルの習得であると思います。これから安定した職業に就くためのスキルをつける。そのための転業支援が重要であると思います。

また、生活困窮者の自立支援制度の就労準備支援事業の一つである認定就労訓練事業、いわゆる中間的就労ですが、これは非雇用型と支援付雇用型がある。これについても、社会福祉関係者でどれだけ詳しいことを知っているでしょうか。これは都道府県や政令指定都市、中核市が事業所を認定しています。2023年3月時点において、全国で認定が2,182件あり、約5,500名が利用しています。その中で社会福祉法人が56％となっています。実は、この認定就労訓練事業所に関する認識は、自治体によって非常に差があります。全国で一番多いのは名古屋市であり、全国のおよそ15％、317件となっています。なぜ、名古屋市がこの認定就労訓練事業所が多いのか。これは、名古屋市社協が3つの仕事・暮らし自立センターの内、2つを受託していますが、その内の一つ、名古屋仕事・暮

らし自立サポートセンター金山は、社会福祉協議会と生活困窮支援をしてきた社会福祉法人と若者支援をしてきたNPOがコラボで名古屋市から受託をしています。ヒアリングをした際感心したのは、ハローワークで求人をしている事業所に職員が営業に行っています。例えば、精神疾患、ひきこもりの人たちは、初めは週5日の勤務は難しいのですが、フォローアップしますので、ぜひトライアルで雇用をしていただきたいという依頼をするわけです。そのようにして実績をあげている。詳細は、当センターのホームページに掲載されており、事例集も出ています。所長さんは、「コロナ禍の時に、名古屋市において生活保護の受給率は上がらなかった。私たちがかなり貢献しているのではないか」と述べていました。一般企業で働きにくい人たちについて、企業の文化と本人の文化をマッチングする伴走型支援を徹底してやっている。このような素晴らしい実践に学ぶことが多いと思います。

この名古屋仕事・暮らし自立サポートセンターの実践を、仮説としてインパクト

図2　就認定就労訓練事業（中間的就労）のインパクト・ファクター（仮説）

ニーズ・アセスメント	資源の投入	成果
・社会的に孤立している人も社会で認められる存在となることを潜在的に希望している ・効率性・生産性を重視するのではなく、本人の適性に合わせた能力開発を行えば、長期の雇用継続を可能とする ・人手不足、また社会貢献志向の事業所においては、このようなニーズが存在する	・ハンドメイドの支援を実現するための体制をコンソーシアムによって整備 ・行政、社会福祉法人、民間企業などにていねいに周知することで協力事業所が広がる	・契約以降も認定就労訓練事業所へのていねいなアフターフォローを実施することによって正規就労につながる ・安定的就労によって本人の自己肯定感、社会関係の広がり、経済的自立に繋がる

ファクターについて整理したのが、下記の図です。

名古屋市以外にも就労支援に関する事例としては、静岡県富士市のユニバーサル就労サポートセンター、東京都江戸川区のみんなの就労センターなどの例などがあります。

4．社会的孤立の広がり・深刻化と地域におけるソーシャル・サポート・ネットワーク機能の再生

続いて、社会的孤立の広がり・深刻化と地域におけるソーシャル・サポート・ネットワーク機能の再生ということをあげたいと思います。先に述べたように、社会的に孤立している人の増加、また、これから単身化が増加する。その一方で、地域のリーダー層が高齢化しており、地縁組織が弱体化しています。老人クラブは、この10年くらいでかなり全国的に機能しなくなるだろうと予測しています。

これまで頼りにしていた地縁組織によるインフォーマルサポートというものが、あまり期待できなくなる。いかに地域において有効なインフォーマルサポートの形成を図るか。これは大都市部と地方ではかなり違いがあるかと思います。

八王子市は、東京都の中では世田谷区と初めて重層的支援体制整備事業を2021年度から開始し、社協は多機関協働事業を受託しています。私の研究室でアドバイザリー契約を結び、現在13ヶ所の福祉総合相談窓口である「はちまるサポート」に配置された26名のコミュニティソーシャルワーカーのアドバイザーをしています。八王子社協の「はちまるサポート」に2021年度に寄せられた複合的な課題、制度の狭間に関する相談は、609世帯、719人となっています。その内容は、下記の表のように経済的な問題、障害、孤立、ひきこもり、ニート、ゴミ屋敷などとなっており、非常に多様な問題に関して相談が寄せられております。

このはちまるサポートのコミュニティソーシャルワーカーが相談支援を行い、その成果はどうなのかという点について、7つの指標で自己評価をしてもらいました。その結果が次の表となります。

表1　2021年度八王子社会福祉協議会　はちまるサポート
相談・支援件数（609世帯719人）
重層的支援体制整備事業（多機関協同事業受託）

・経済的困窮・就労不安定	21．8％
・身体・知的・精神障害（疑い含む）	12．9％
・孤立・引きこもり・ニート	12．4％
・ごみ屋敷・住居不安定	7．6％
・近隣トラブル	6．3％
・認知症	5．3％
・家庭不和・家庭内暴力	3．3％
小計	（69．6％）
・その他	30．4％

（ホームレス、自殺企図、依存症、虐待、不登校、養育困難、非行）

表2　八王子社会福祉協議会「はちまるサポート」における相談支援の成果
「改善（かなり改善している・ある程度改善している）」傾向にある比率

- 「介護の状況や子どもの養育環境について」　53%
- 「社会参加や近隣関係について」　51%
- 「経済的な状況について」　50%
- 「身体的な健康状態について」　47%
- 「住居の確保や衛生環境について」　47%
- 「精神的な健康状態について（認知症含む）」　42%
- 「家族や親族との関係について」　30%

このデータによると、家族や親族との関係が改善されたのは、30％となっています。また、精神的な健康状態について（認知症含む）」が、42％と低い結果となっています。今年で3年経ちましたので、少し指標を変えて、現在この改善状況について再度自己評価を実施しています。今後、複合的な課題や制度の狭間の問題についてどのように評価をするかが、実践上でも研究上でも重要になります。

八王子社協のデータからも、家族や親族の関係というのはやはり難しくなっていることがうかがえます。インフォーマルサポートが家族だけでは限界であるということが言えるかと思います。また、精神的な問題への対応がなかなか難しいということも示されています。複合的な課題を有するクラインエントと家族の状況をアセスメントする際の課題として、本人へのアプローチが困難である、また言語による表現が不十分である、本人や家族が、自身の困りごとを明確に自覚化していないことなどがあげられます。また、将来の予測が不得手であり、その日暮らしの傾向がある。ただし、5年後、10年後のことを考えて生きている人というのは少ないと思います。関連す

る情報がすぐに得られないこともある。個人の生い立ちであるとか、家族関係などがなかなかわからない。そして、社会関係を結ぶことが苦手な場合が多い。支援に対して、カット・オフ（拒絶）をする。中には、幼い頃から、また社会に出てから人間関係を結ぶことが苦手で、大きな疎外感を抱え、それがSOSを出すことにつながらないことがあげられます。

裏返すと、日本社会のあり様と言いましょうか、困ったことがあってもSOSを出さない、出せない、そういうことが表われているかと思います。現在、また今後の日本社会においてこのような社会関係が希薄になっている特性を踏まえたコミュニティソーシャルワーク、地域福祉を考えていくことが重要ではないかと思います。

八王子の「はちまるサポート」は、人口約50万に13のセンター、そこにソーシャルワーカーを2人ずつ配置するという体制になっています。実は八王子社協は、地区社協の組織化をするのに、2回チャレンジして成功していません。私も現在八王子の在住者ですが、実は八王子は町会・自治会連合会というのは、他市と比べてもそれなりに強いのですが、地区社協はできなかっ

たわけです。そこで、今年度から同じ住民として伴走型支援を行うサポーターを、リンクワーカーとして養成しようという試みを開始しています。現在、3エリアで、25人が登録しており、今年度中に研修を行ない、150人の登録を目標にしています。これは、地縁組織に依存しない新たな形で、社会的に孤立している人々へのインフォーマルサポートを機能させる試みと言えます。

5．単身化・多死社会の進展による親族によるケアを前提としないサポートの必要性

最後になりますが、単身化・多死社会の進展による親族によるケアを前提としないサポートの必要性について述べます。2021年12月に朝日新聞に掲載されましたが、行政が葬祭費を負担したのが、年間約4万8千件となっています。これは、行政にとって非常に深刻な問題となっています。遺骨を行政で、またお寺で預からざるを得ない状況が広がっています。今後単身化社会が進展し、ますますこの問題が深刻化していくことが予測されます。市町村社協で死後事務を含む終身サポート事業は、2020年度約30の社協で実施されていることがわかっています。また、NPOが約400程度実施していますが、総務省の調査によりますと、「重要事項説明書」を作成していないNPOが約80％となっています。このようなNPOに200万円、300万円を預けるということは、かなりリスクがあるのではないでしょうか。

私は、身寄りのない単身高齢者等の人生の最終期の生命と財産を守るのは、行政責任であると考えます。この身寄りのない「高齢者等に対する終身（旧身元保証）サポート事業」（厚労省）を法制化するべきであり、社会福祉法を改正し福祉サービス利用援助事業として、公的事業化していくべきであると考えます。

中野区社協は、私が提案をしこの事業を実施していますが、現在行政の補助事業となっています。日常生活自立支援事業の一環として、人件費など約400万円程度が補助金として支出されています。狛江市では、この事業を地域福祉計画の中で行政の事業として組み入れています。

このように、今後単身化社会が急速に進むことを考えると、本事業を法制度化、公的事業化していくことをソーシャルアクションとして広げる必要を切実に感じております。

Ⅲ　コミュニティソーシャルワークの新たなステージに向けて

最後になりますが、コミュニティソーシャルワークの新たなステージに向けてということを結論として述べたいと思います。当研究所では、2005年にコミュニティソーシャルワークの養成・研修システムを開発し、これまで約4,500名以上が受講を修了しています。

全国各地の市町村社協、関係機関にコミュニィティソーシャルワークの意義と方法という点で、一定程度普及・定着することができたかと思います。東京都社会福祉協議会によりますと、東京都内では2023

年度、兼任も含めて地域福祉コーディネーター、コミュニティソーシャルワーカーが350名程度配置されています。また、重層的支援体制整備事業も2024年度は364の自治体、移行準備事業が206の自治体が実施します。約3分の1の自治体が重層的支援体制整備事業に取り組んでいくことになります。前大橋理事長が、コミュニティソーシャルワーク実践を展開可能とするシステムが重要であり、これが、コミュニティソーシャルワークの展開の第5のステージとなると著書で述べていますが、まさに、このコミュニティソーシャルワークの展開が、これから第5のステージに入る時代が到来したと思います。

　私は、地方自治体における包括的な支援体制の構築について、以下の図で示した5つのステージがあると考えます。

　具体的には、第4のステージの中で、コミュニティソーシャルワーク実践が地域の中で新しいプログラム、ツールをどうやって開発をしていくかということが問われるのではないかと思います。重層的支援体制整備事業は、参加支援と地域づくり支援を入れることによって複雑化してしまったのではないかと思います。最優先すべきことは、行政の庁内連携を進めることです。行政の中の縦割りのシステムに、いかに横串を入れていくかということが問われると思います。現在、日本地域福祉学会の研究プロジェクトにおいて、全国の重層的支援体制整備事業の先進的な取り組みを選び、メンバーでヒアリングをしていますが、例えば、岩手県遠野市では、行政が非常に積極的であり、行政の中にキーパーソンがいる。また、社会福祉協議会が非常にコミュニティソーシャルワークを理解しており、ニーズキャッチから新しい社会資源を開発している。行政と社協が良い関係にあります。

　やはり重要なのは、ニーズの顕在化であり、そのためのアウトリーチのあり方が問われると思います。最初に申し上げましたように、深刻な問題が広がっているが、その一方で潜在化をしている。故に、コミュニティソーシャルワークの機能として、ニーズを顕在化させるためにアウトリーチ実践を展開する。そして、それをフィード

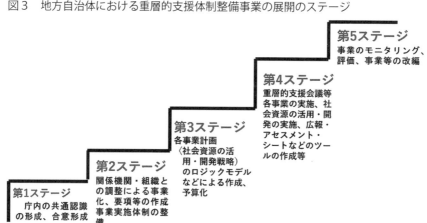

図3　地方自治体における重層的支援体制整備事業の展開のステージ

バックし、これまでの社会資源で不十分ならば新たな社会資源を創っていく。住民には、インフォーマルサポートとして、同じ住民の立場から寄り添う支援に関わってもらうということが重要となります。

　厚労省では、この6月から「地域共生社会の在り方検討会議」が始まっています。この検討会議の論点として、4点があげられています。第一に、地域共生社会の実現に向けた取り組みとして、重層的支援体制整備事業の検証、また、生活困窮者自立支援制度と重層的支援体制整備事業の関係性、また福祉分野以外の施策との関係性などがあげられています。第二に、単身高齢者等の終身サポート事業のあり方について、先に述べましたように、このサービスを果たしてNPOに任せていいのでしょうか。法制度化、公的事業化していくことを、ソーシャルアクションを含めて広く提起していきたいと考えています。第三に、成年後見制度の見直しがあげられています。日本の成年後見制度は、法定後見が98％を占めており、任意後見は2％足らずです。単身化・多死化社会が進む中で、これまでの制度のままで良いのかが問われているかと思います。最後に、社会福祉法人相互の連携、合併問題があげられています。

　最後になりますが、今後、中・長期的に社会構造が大きく変化し、社会的に孤立する人が増加する。SOSを出せない住民にいかにアプローチし、ニーズを顕在化するか。ただ顕在化するだけではなくて、システムを改善することにどうやってフィードバックするか。また地域のサポート・ネットワークの機能を高めていく。それは換言すれば、

これまでコミュニティソーシャルワークでよく言われてきた個別支援と地域支援を通して支援の包括的システムをいかに構築していくかが問われるかと思います。そのためには、地域の多くの組織や機関との協働、ネットワークを拡大し、強化を図っていくことが求められます。その点では、新たな住民層、例えば、中野区や青梅市では、社協の会議に地域の商工会の若手の経営者が参加し非常に活発に意見を言ってくれています。実は、親族に発達障害の子どもがいるということで、福祉に非常に関心が高いのですね。この新たな、可能な限り若い住民層に対して、主体性の形成（エンパワメント）を促進していくことが求められます、

　そして最も重要なのは、地域の福祉課題や住民のニーズに鋭敏であり、また問題意識を持ち、地域の生活課題への対応について悩み、考え、地域住民や関係者に刺激や啓発をもたらす。やはりプロフェッショナルとして、コミュニティソーシャルワーク実践のパワーアップを図っていくことが求められています。職員の養成、それぞれの組織の職員集団のパワーアップを図っていくことが重要ではないかと考えます。日本地域福祉研究所が、少しでもその一助になればと思います。どうもご清聴ありがとうございました。

参考文献

1）枝廣淳子『レジリエンスとは何か―何があっても折れないこころ、暮らし、地域、社会をつくる―』東洋経済新報社、2015年

2）名古屋市『なごや就労訓練事業（中間的就労）

ガイドブック』2016 年

3）名古屋市仕事・暮らし自立サポートセンター金山『支援付き就労　就労準備支援事業・認定就労訓練事業事例集』2019 年

4）PwC コンサルティング合同会社『重層的支援体制整備事業への移行に係る促進方策についての調査報告書』2021 年

5）佐藤徹『エビデンスに基づく自治体政策入門―ロジックモデルの作り方・活かし方―』公職研、2021 年

6）宮城孝編著『地域福祉と包括的支援システ

ム―基本的な視座と先進的取り組み―』明石書店、2021 年

7）宮城孝著『住民力―超高齢社会を生き抜くチカラ―』明石書店、2022 年

8）大橋謙策『地域福祉とは何か―哲学・理念・システムとコミュニティソーシャルワーク―』中央法規、2022 年

9）安田節之『プログラム評価―対人・コミュニティ援助の質を高めるために―』新曜社、2011 年

特集Ⅱ	コミュニティソーシャルワーク・パワーアップセミナー 2024

多機関協働による外国人への包括支援

社会福祉法人豊島区民社会福祉協議会　共生社会課長　**田中慎吾**

はじめに

東京都豊島区は、外国籍の住民や外国にルーツをもつ住民（以下：外国人）が多い自治体です。今回は、令和2年3月より全国の社協で開始したコロナ禍における生活福祉資金の特例貸付（以下、特例貸付）から見えてきた外国人の地域生活課題について、多機関協働により取り組んでいる包括支援の現状を報告します。

区の状況

豊島区は人口密度日本一の都市で、近年人口の増加が続いています。外国人人口の比率は約12％（令和6年8月1日現在）であり、こちらも年々増加しています。外国人の国籍は中国が約半数で、近年では、ミャンマー、ネパール、ベトナムが増えており、130以上の国・地域の方々が住む、多様性に富んだ地域になっています。また、在留資格別では留学が多く、次いで技術・人文知識・国際業務となっています。

CSW の配置

豊島区では、年代を問わず利用できる「区民ひろば」というコミュニティの拠点があり、26か所の区民ひろばのうち8か所にコミュニティソーシャルワーカー（以下、CSW）を配置しています。CSW の配置は、区の地域福祉計画に明記され、豊島区民社会福祉協議会（以下、豊島社協）において、平成21年度からモデル事業を開始しました。平成24年度には区の委託事業となり、地域包括支援センター8圏域と同一圏域の1か所から開始し、平成27年に全8圏域配置となりました。現在、各圏域2名ずつ、16名の CSW を配置しています。

豊島社協の CSW の特徴や活動としては、全世代対象、断らない相談支援、福祉にこだわらない「暮らしの何でも相談」の実施、個別支援と地域支援の連続性や循環、住民の福祉意識醸成に向けた取り組みなどがあげられます。それらの取り組みを「5つの役割」として整理して、日々意識しながら活動しています。

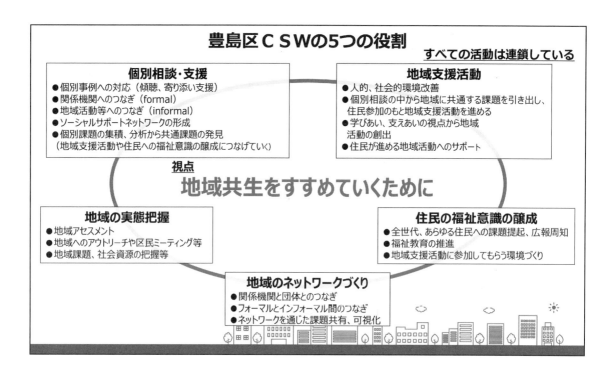

コロナ特例貸付から見えてきた課題

　豊島社協では、延べ約3万件の特例貸付の申請を受け付けました。特例貸付では、就労可能な在留資格があれば外国人でも申請できるということもあり、多くの方が窓口に訪れました。ミャンマー、ネパール、ベトナムの方からの申請が多く、かつ、都市部ということもあり飲食店などに勤めている方や留学生のアルバイトの方などが多い状況でした。申請に訪れる外国人は、日本語で多少会話はできても、読み書きが難しいことなどもあり、郵送申請ができず窓口での丁寧な対応が必要でした。

　外国人支援を行う上での課題として、言語の違いや情報が正確に伝わらないなどコミュニケーションの難しさ、生活の状況や困りごとの実態を把握できてないこと、また、これまで社協職員が外国人に接する機会が少なかったこともあり、文化的・宗教的背景や在留資格、就労制限などの制度への知識不足などもありました。

　他にも、法人や地域における課題として、外国人を支援すること自体に慣れていないことから、どこまでどのような支援をした方がいいのか、迷いもあったのではないかと感じています。「多文化共生」という言葉は、豊島社協の地域福祉活動計画の中でもコロナ禍前から使っていましたが、どちらかというと、外国人は地域の中では『困っている人』ではなく『困った人』として捉えていたのではないか、外国人が抱える地域生活課題に向き合い、地域の中でともに暮らす『生活者』として捉えられていなかったのではないか、という反省もあります。

　また、出身国ごとのエスニック・ネットワークでつながり、支え合っているのではないかという思い込みがありましたが、外国人でも孤立している方が非常に多いこ

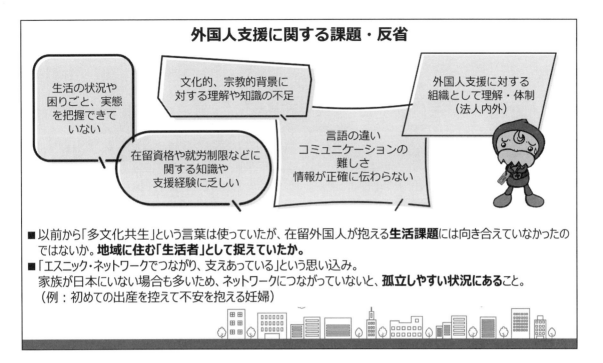

と、むしろ、日本に来ている外国人の方が地域で孤立しやすい状況にあるということにも気づきました。

課題共有から「としまる」の活動へ

貸付だけでは解決しない地域生活課題を抱えている世帯については、CSWが個別に支援するなどの対応を行ってきましたが、外国人世帯については十分な支援ができているとは言えない状況でした。そんな中、コロナ禍以前からつながりがあった公益社団法人シャンティ国際ボランティア会（以下、シャンティ）と、豊島区内にある弁護士法人東京パブリック法律事務所（以下、パブリック）と豊島社協の三者で、生活困窮状態にある外国人の課題を共有し、支援方策を検討しました。そして、シャンティを主管団体、パブリックと豊島社協を連携団体として休眠預金等活用事業を申請、採択されたことから、2021年5月から外国人包括支援事業「としまる（TOSHIMA Multicultural Support）」を豊島区内で開始しました。

それぞれの強みを活かす

各団体にはそれぞれ強みと弱みがあり、例えば、豊島社協は長年地域づくりに取り組み地域のネットワークを持っていること、CSWを配置しており個別相談援助から地域づくりまで一体的に取り組んでいる強みがありますが、外国人支援の経験はあまりありませんでした。パブリックは外国人・国際部門を有しており外国人への法的な支援もできますが、地域にアウトリーチが十分にできていない状況でした。シャンティは国際NGOとして海外で活動を行っており、外国人への支援経験が豊富ですが、国内での地域支援活動には不慣れでした。

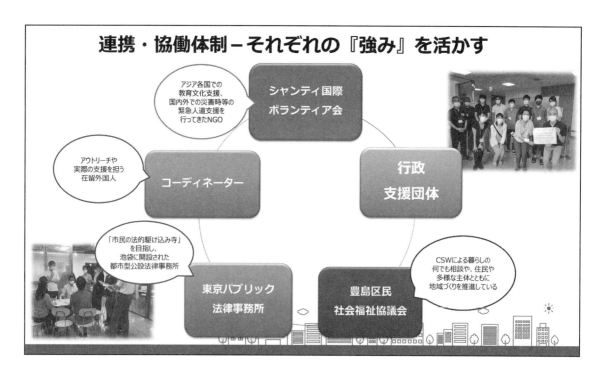

　尚、としまるの取り組みにおいては、ミャンマーやネパールなど外国にルーツをもつコーディネーター（以下、としまるコーディネーター）をシャンティが雇用し、外国人であることの強みを活かした支援を行う体制ができました。その他にも、子どもの支援をしている地域の団体や行政など、多様な方々がそれぞれの強みを活かし、苦手なところを補いながら、連携して活動しています。

としまるの活動

　としまるでは、「アウトリーチ」「支援の実施」「支援力強化」を活動の3本柱としています。「アウトリーチ」として、生活課題を抱えた外国人からの相談を待つのではなく、特例貸付の名簿やSNSなどを使って周知し、区内各所で相談会付きのフードパントリー（としまるフードパントリー）を実施しています。「支援の実施」として、としまるフードパントリーでは食料を配付するだけでなく、その場で生活状況などを聞き取り、その後継続的に支援が必要な方については、窓口同行や手続き支援、就労のサポートなどの生活支援を行っています。在留資格に関わることや労働問題、婚姻関係など、相談内容によっては弁護士が直接受任するなど、法的支援も行っています。また、既存の資源を活用するだけではなく、地域の中で支援する人を増やしたりネットワークを広げたりするなど、地域の「支援力強化」にも取り組んでいます。

　活動の流れとしては、としまるフードパントリーを実施して、相談を受け止めます。日を改めて、関係機関でケース会議を行い、継続的に支援が必要な方の支援方針や役割の確認を行ってから、個々に伴走支援を行っています。尚、相談会の実施にあたり、共通で使えるインテークシートを作

成しており、ケース会議ではそのインテークシートを見ながら協議をしています。

としまるフードパントリーは月1回以上、3年間で約50回実施しています。参加者は、ミャンマー、ネパールの方が多く、相談内容は在留資格に関することが多いこともあり、CSWとしては、言語面や心理的な側面でサポートしてくれるとしまるコーディネーターや、弁護士が一緒に対応してくれることをとても心強く感じています。また、としまるコーディネーターは通訳も兼ねたハローワークなどへの同行支援、CSWは貸付関係の手続きや区の窓口同行、公営住宅の申込みのサポートなども実施しています。

活動の中で見えてきた地域生活課題については、例えば就労に関するセミナーや特定技能に関するセミナーを実施するなど、共通の課題に対応するための企画や取り組みなども行っています。

また、としまるフードパントリーの参加者からも、「支援を受けるだけではなくて自分にも何かできることはないか」という話があり、運営にボランティアとして参加する方も出てきています。少しずつですが、外国人が地域の中で「助けて」と言える環境や、支援を受けるだけでなく、やりたいことを実践できる場づくりができつつあります。

事例：としまるサロン
～活動から見えてきた課題から～

としまるフードパントリーにおいて、DVや離婚に関する相談やシングルマザーからの相談が多いことから、外国人のシングルマザーが地域で孤立しているという課題を、としまるコーディネーターとCSWで共有しました。そして、シングルマザーを支援するNPOから支援に必要な視点を

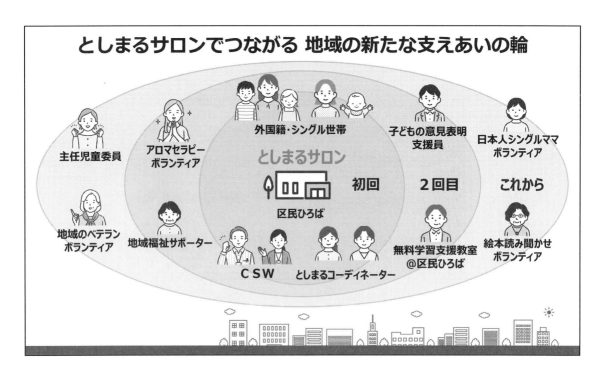

レクチャーしてもらい、地域でのシングルマザー同士のつながりづくりを目的として、「としまるサロン」を実施しました。

サロンを実施してみると、話を聞いて欲しいと訴える子、絵本の読み方がわからない子など、親だけでなく子どもの支援の必要性も見えてきました。実施後の振り返りの中で、もっと子どもの話をゆっくり聞ける場づくりや、子どものアドボカシーの必要性などが課題として出てきました。初回はとしまるコーディネーターとCSWだけで実施しましたが、2回目はアロマセラピーのボランティアや子どもの意見表明支援員などにも参加してもらいました。

現在3回目を企画しており、主任児童委員や絵本の読み聞かせボランティアなど、これまで外国人支援にあまり携わったことのない方にも声をかけていこうと話をしています。「としまるサロン」ができることで、地域に新たな支えの輪が広がっていくのではないかと思っています。

今後の取り組み

「としまる」の取り組みを始めて3年が経ち、それなりの成果も出てきていると思いますが、まだまだ課題も多いと感じています。相談につながりづらい人々への継続的なアプローチや持続可能な支援体制づくり、外国人支援を通じたお互いさまの地域づくりなど、引き続き、地域の多様な主体と連携、協働しながら取り組んでいきたいと考えています。

特集Ⅱ　コミュニティソーシャルワーク・パワーアップセミナー 2024

法人内部門間連携の取り組みについて

社会福祉法人所沢市社会福祉協議会　企画総務課長　**梅本晶絵**

《埼玉県所沢市の概要》
【人口】約34万人（県内第4位）
【面積】約72㎢
【特徴】東京に隣接／タワーマンションや大型商業施設建設続く／豊かな自然、農地も広がる／国立の福祉施設所在／在日米軍所沢通信基地所在
【行政区】11（包括圏域14、民協圏域14）
【高齢化率】27.5%（R5）
【単身高齢者】9.6%　14,590人（R2）

1　はじめに

「連携」は福祉のあらゆる場面で重要なキーワードであり、福祉分野を越えた多様な連携のあり様も見られる。そもそも社会福祉協議会は、まさに様々な連携の上に事業が成り立っている。しかし、「連携できていない」「もっと連携できていれば」ということも少なくなく、連携のあり方については古くて新しい、とても奥深い課題であるというのも実感するところである。

様々な事業を展開する所沢市社会福祉協議会は、法人内においても部門間連携が課題となってきた。本稿では、法人内、特に相談支援関係事業において部門間連携のために進めてきた取り組みや今後の課題について報告したい。

2　所沢市社会福祉協議会の概要

まず、所沢市社会福祉協議会（以下、本会）の概要について簡単に紹介したい。本会は、かねてから市の事業を多く受託し、組織を拡大してきたいわゆる事業型社協である。職員数は約200名（常勤職員約80名）。本会は、3課4施設で構成され、委託事業数は20弱、大小含め約60の事業を展開している。本会の事務局（法人運営関係、地域福祉関係、相談支援関係）は、平成29年に所沢市設置の「福祉の相談窓口」を擁する現在の建物に移転した。市内に指定管理施設4施設（児童発達支援事業、生活介護事業、就労継続支援B型事業）や介護保険事業（地域包括支援センター、居宅介護支援事業、訪問介護事業、認定調査

事業）等運営している。地域福祉推進においては、CSWを本会の独自事業として平成27年から配置してきた。

また、本会は、社会福祉士等の資格所持者が多いことが特徴である。法人内の異動もあり、異動によって様々な業務を経験できることも本会ならではと考える。また、本会の認知度を高めるために、広報活動に力を入れており、令和5年度に全国社会福祉協議会広報紙コンクールで最優秀賞を受賞した。

3 相談支援体制の状況

今回報告する部門間連携に関わる相談支援体制について、CSWと「福祉の相談窓口」における各種相談支援事業を中心に紹介する。

（1）CSWによる取り組み

CSWは市の委託事業ではなく、市の補助金を活用しながら本会の独自事業として配置している。平成24年の第3次地域福祉活動計画策定時に、CSW配置について触れられ、平成27年の第4次地域福祉活動計画策定時にも盛り込まれ、平成27年にモデル事業として1名を配置した。CSWをモデルとしたNHKドラマ「サイレントプア」が追い風になったかもしれないが、その翌年平成28年に、かなり思い切って全11区に配置ということで、常勤職員10名がCSWとなった。

CSWの業務は他社協と同様、個別支援や地域支援を展開しているが、地域福祉に関する本会の様々な取組みを推進してい

る。具体的には、地域福祉サポーター養成、子ども支援事業における子どもの居場所の支援、地域活動団体立ち上げや運営支援、車いすちょい借りステーション、ボランティアセンター、災害ボランティアセンター、福祉学習、広報活動、そして社協会費、共同募金も推進している。

本会の独自事業ということで自由度が高く柔軟な動きができるが、市民等の認知度が低いこと、また個人情報の共有に難しさがあること、そして財源の不安定さが課題である。

（2）「福祉の相談窓口」における相談支援

「福祉の相談窓口」は、誰でも何でも受け止める包括的な相談受付窓口として市が設置した。この窓口そのものに仕様はなく、受付から支援終結までのシステムやフローについて特に市の指定はない。主に市の委託事業である生活困窮者自立相談支援事業（あったかサポートセンター）、基幹相談支援事業（ところざわ障がい者相談支援センター）、就労支援事業（就労支援センター）、コミュニケーション支援事業（手話通訳・要約筆記派遣事務所）、成年後見推進事業（成年後見センター）の大きく5つの事業より構成され、それぞれの事業に付随して、生活福祉資金貸付、ひきこもり支援、障害福祉サービスにおける計画相談、日常生活自立支援事業、法人後見事業も実施している。委託元である市の担当課もそれぞれ異なる。窓口専任の人員配置はなく、各事業に配置された職員が福祉の相談窓口職員を兼ねている。

相談者からの相談受付は特定の職員が一

括して対応しているわけではない。電話や来所（時折メール）による相談があった場合は、その時対応した職員が相談内容の概要を少し聞き取ったところで最も関連がありそうな事業の職員につなぐという形で対応している。窓口統一の相談受付票はあるが、つないだ後は各事業専用の相談シートを活用する場合が多い。

（3）相談支援における課題

CSWと福祉の相談窓口内の各種専門職がフロアは異なるが同じ建物に在籍している。いずれも相談者に対する支援において、必要に応じて他機関と連携しながら進めてきてはいる。しかし、時折、一人の相談者に対し、CSWと福祉の相談窓口内の専門職がそれぞれバラバラに関わっている状況も生じていた。この状況は福祉の相談窓口内でも生じることもあった。

これは、相談者を中心として各部門間が一体となって連携、支援する仕組み（システム）を構築していないことが一因である。先にも触れたが、各委託事業にはそれぞれ市の仕様があり、その委託元となる担当課も様々である。各事業の情報システムもそれぞれ異なり、さらに情報セキュリティや個人情報管理の壁もあり、統一的な仕組みの構築は一筋縄ではいかないところがある。

また、アセスメントが不十分なまま他部署に連携をもちかけてしまうという課題もあった（時には結果的に丸投げ状態となっていることもある）。対象者本人や状況について確認、理解が不十分なまま、つまりアセスメントが不十分なまま、目の前の課題のための支援に入ってしまうこともあった。

さらに、あまりに事業が多様であり制度やサービスも複雑でもあることも相まって、お互いの事業内容についての共通認識が十分ではないことも課題であった。

4　部門間連携に向けた取り組み

部門間連携は数年前から法人内でも課題として認識されてきた。部門間連携を進めていくことが重要課題と法人内で共通認識が図られ、令和3年の本会の第4次発展強化計画において部門間連携を強化するための「部門間連携会議」の設置・運営が明記された。設置要綱では、部門間連携会議における検討事項として、「個別ケースの共有、支援の方針に関する事項」「個別ケースの支援に必要なアセスメント力の向上に関する事項」とし、令和6年度からは「地域課題の検討に関する事項」を追加している。第5次発展強化計画（R6～R8）では部門間連携会議の充実を明記し法人内に限らず、包括的支援体制に向けての検討を意図するものとしている。

部門間連携会議は、月1回程度、1時間の開催で、10名程度が参加している。構成員としてはCSW、福祉の相談窓口の各事業の職員、ケアマネ、また、総務担当課は事務局として参加している。ケース検討にならないように留意し、事例を通じてあくまでも連携のあり方や方法、工夫を見出すことに力点を置いてきた。また、連携に欠かせないスキルであるアセスメント力の強化をめざし、アセスメント研修を令和4

年度から実施している。部門間連携会議で認識された各事業及び各職員のアセスメントスキルのばらつきを改善し、平準化を図るものである。

令和6年度は、部門間連携についてこれまで検討してきたことを評価しつつ、今後はそれを活かして外部との連携のあり方に視点を移し、地域の社会資源を知ることを重点的に取り組むこととしている。現在は所沢社協版の地域アセスメントの作成を目指して、法人内職員から寄せられた社会資源を支援で活用できるように整理している段階である。

5 　部門間連携会議の効果

部門間連携会議開催当初は、支援方法の問題点を指摘されるのではと参加者お互いに緊張感があった。しかし、回を重ねる毎にお互いの事業について理解が深まり、徐々に和やかになり、活発に意見が出るようになった。また、日常的にも支援について相談しやすい雰囲気になったことも大きな効果と考える。連携に欠かせない職場内の風通し、コミュニケーション向上にも寄与している。

また、日頃の自身の他機関へのつなぎ方の振り返りができること、他部門の動きがリアルに見えてきてお互いの事業を把握する機会になっていること、他部門の状況を知ることで、自分の所属する課や事業の課題にも気づき、解決に向けた検討を進めることができたことが参加者からの声で上がっている。

部門間連携会議が一定の効果をもたらしたのは、課題を法人の発展強化計画に落とし込み、職員の共通認識を図りながら取り組みを進められたことと考える。また、計画の進捗評価の際にはこの会議の取り組みを振り返り、法人全体で共有していることも次へのステップへとつながっている要因と考える。

6 　今後の課題と展望

支援の際のインテークやアセスメントスキルの向上、そして支援における具体的な役割分担や連携のあり方は今後も課題である。法人内はもちろんのこと、法人外の連携の質も向上させていく必要がある。また、環境的な壁はあるが、情報システムのあり方も検討もしていきたい。

所沢市は現在までに重層的支援体制整備事業の見通しが立っていない。しかし、誰もが住み慣れた地域で安心して自分らしく暮らし続けられるための包括的支援体制の整備は避けては通れない。本会のこれまでの地域福祉実践や部門間連携を通して培ってきた相談支援技術を活かし、所沢市の体制整備に寄与できるよう、今後も実践を積み重ねていきたい。

特集Ⅱ　コミュニティソーシャルワーク・パワーアップセミナー2024

伊那市における重層的支援体制整備について
──官民協同で行う包括的な支援体制整備と地域づくりを巻き込んだアウトリーチ体制──

伊那市社会福祉協議会　業務課長　**矢澤秀樹**

1　はじめに

　伊那市では、2022年度から重層的支援体制整備事業を本格実施し、伊那市と伊那市社会福祉協議会の官民共同体制で推進しています。

　重層的支援体制整備事業では、新たな窓口等を作るものではなく、「福祉のリノベーション」として、これまでの地域福祉の取り組みを見直し、市全体の支援関係機関が既存の取り組みを活用して、属性を問わない包括的な支援体制等を構築することによって、「誰もが安心して暮らし、参加することができる地域社会」の実現を目指して取り組んでいます。

2　福祉まちづくりセンターの整備による連携体制強化と行政内の機構改革

　2017年度から「多機関の協働による包括的支援体制整備構築事業」に取り組むとともに、地域福祉を基盤とする「地域力強化推進事業」を追加実施し、地域福祉の推進を図りながら「福祉相談の総合窓口」を拠点化しました。それが、「福祉まちづくりセンター」（写真1）の整備です。

写真1
制度福祉・地域福祉・まちづくりの融合拠点
（R 3.5.6 開所）

　その拠点には、行政の「福祉相談課」と社会福祉協議会の「地域福祉課」の事務所が同じフロアに配置され、さらに「子ども相談室」とも隣接することで、子どもの相談への対応も連携強化されました。「福祉まちづくりセンター」の整備は、重層的支援体制整備事業の根幹となる「体制整備」に相当するものとなったのです。

3　重層的支援体制整備事業の全体像

　伊那市における重層的支援体制整備事業

の全体像は図1のとおりです。その特徴を整理すると、以下のようになります。

① 「制度福祉」と「地域福祉」と「まちづくり」の重層性と事業の一体化
② 重層的支援会議＋地域福祉支援会議の2層性と対応する響働コーディネーターの配置
③ 権利擁護支援事業を取り入れた重層的支援体制整備事業の展開
④ アウトリーチ等継続支援事業を地域づくりの一環としての位置づける

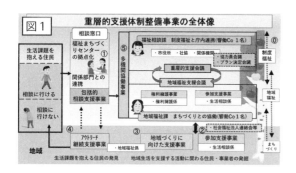

これらの取り組みを、移行準備の段階から確認された「官民協働方式」を体制整備として位置づけています。

4 行政と社協の官民協働体制

官民の協働方式の重要な柱の一つが、行政（官）が庁内連携を含めた相談支援の包括化、もう1つが、社会福祉協議会（民）による地域福祉の基盤を生かしながら、参加支援や地域づくりを行う事業展開です。また、これまで社会福祉協議会が担ってきた権利擁護事業や、地域福祉コーディネーター等を含めた地域福祉活動の推進も位置付けられました。

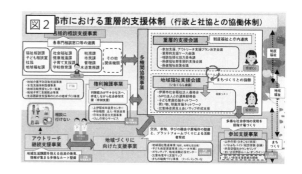

上記の図（図2）は、重層的支援体制整備事業の全体像に、各事業名を落とし込んだ物になっており、各事業を担当している職員がどの位置にいるのかを確認できるように示しています。

3 響働（きょうどう）コーディネーター（包括化推進員）の役割

伊那市における重層的支援体制整備事業の特徴の一つとして、響働コーディネーターの位置付けとその動きがあげられます。

多機関協働事業における包括化推進員を「響働コーディネーター」という名称で、行政と社会福祉協議会のそれぞれに1名ずつ配置し、重層的支援体制整備事業全体の推進を図る役割として、連携のための場としての各種会議運営や多様な関係機関とのつながりをコーディネートしています。

多機関協働事業の役割として、複合的な課題を抱える相談者等を支援するため、①相談者等が抱える課題の把握、②プランの作成、③相談支援機関等との連絡調整、④相談支援機関等による支援の実施状況の把握及び支援内容等に関する指導・助言を行

うこととして位置付けられています。

　響働コーディネーターは直接困難事例を担当せず、各相談窓口間の連携では対応が難しい困難事例が行政の各相談窓口から持ち込まれた際に、関係機関を招集して重層的支援会議を開催し、複合的な課題を抱える事例の紐解き、課題の明確化、役割分担、進捗管理等を行います（図３）。

　また、重層的支援体制整備事業全体の推進として、次の図（図４）のとおり、重層的支援会議をはじめとした様々な会議体を運営し、重層的な運用を行っています。

① 「参加・アウトリーチ支援プラン会議」
・参加支援、アウトリーチ等継続支援事業を利用する際に、作成する支援プランの承認等をするための会議
② 「重層的支援ケース会議」
・行政の各相談窓口から寄せられる、複合的な課題を抱える事例の紐解き、役割分担、進捗管理等を行う会議
③ 「相談包括化協力員会議」
・行政及び社協の関係各所に配置している包括化協力員の意識啓発や重層的支援ケース等の情報共有及び、それぞれの部署で顕在化している課題把握のための会議
④ 「保健福祉部内重層的支援会議」
・保健福祉部課長会などの既存の会議を活用しながら、包括化協力員会議で把握された課題や、保健福祉部内及び社協内を横断した課題や事例の共有を行う。
⑤ 「保健福祉政策会議（庁議調整会議）」
・庁内部局横断した課題の共有、検討を行うとともに、新しいサービスや支援体制の全市的な調整を行う会議

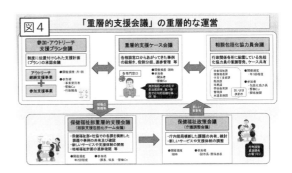

　行政側のコーディネーターは主に庁内の関係部署間や専門職との連携に関する会議体。社協側のコーディネーターは、これまで作ってきた地域ネットワークや連絡会を中心に、地域福祉とまちづくりをつなぐ会議体を推進する形になっています。

4　地域づくりの広範な事業展開のための「人材・つながりの場」の発掘

　重層的支援体制整備事業に取り組む中で、地域共生社会の実現に向けて、これまで福祉との連携がなかった新たな行政部署との連携が促進されました。伊那市人口の約３％にあたる海外に由来を持つ住民への支援や、他県からの移住者の地域社会への定住、人口減少に伴う地域自治のあり方等についても課題があり、それらの担当課で

ある文化交流課や地域創造課との連携を行いつつ、新たに顕在化してきた地域生活課題に対してプロジェクト的に取り組みを始めています（図5内（1））。

既存の福祉相談窓口では把握が難しく潜在化しているニーズを抱える住民を把握するため、「まちづくり分野」で自分の仕事や生活やスタイルを大切にしながら、そこから一歩踏み出して「本業＋α」で活動している人たちを把握し、福祉的な視点を持った「クロス人材」として育成しつつ人材のリスト化を行っています。「クロス人材」は、潜在化している地域生活課題や、それを抱える住民を発見した際に、地域福祉コーディネーターにつなぎができる情報集約ルートとして整備をしています（図5内（2））。

これまで、地域づくりに向けた支援事業等で整備してきた、「地域社協における地域福祉推進事業」「まちの縁側」等、お互いさまの気持ちでつながり合う多様な住民参加の場を継続発展するとともに、そこにクロス人材等が関わることによって、潜在化した課題を抱える住民とのつながり、発見の場としても活用を行い、地縁、血縁、職縁につづく「第4の縁」づくりを推進しています（図6）。

また、クロス人材が活躍できる多様な場を作ることで、まちづくり分野とのより一層の連携を行うとともに、人と人とのつながりそのものがセーフティネットの基礎となるような取り組みを推進しています。

5　地域づくり・アウトリーチ事業の事業間連携

アウトリーチ等継続支援事業や地域づくりに向けた支援事業の取り組みから上がってきた地域生活課題に対して、地域福祉コーディネーターはその内容により各種相談窓口やボランティア、地区・地域社協等へのつなぎを行います。重層的支援体制整備事業の取り組みから、多様な生活課題が地域福祉コーディネーターに集約されるようになりました（図7）。

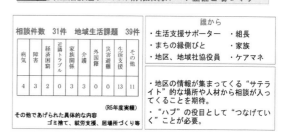

しかし、専門的な相談窓口やボランティ

アや地区・地域社協といった地縁組織につながって解決できるというものばかりではなく、長期にわたりひきこもりの状態にあるなど、複雑化・複合化した支援ニーズを抱えながらも必要な支援が届いていないケースについては、社会福祉協議会の生活相談係へのつなぎを行い、「フードバンクいな」や市内コンビニの廃棄予定商品を活用した食糧支援をしながら訪問する等、地域および部署間の連携をしながら対象者との関係性構築に向けた支援を行っています（図8）。

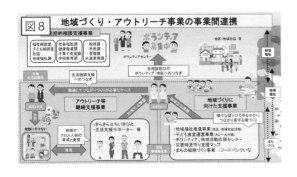

地域福祉コーディネーターは、アウトリーチ等継続支援事業において、相談窓口につながらないケースを発見しつなぎを行う「クロス人材」の育成・発掘を行う一方で、地域づくりに向けた支援事業においても、これまで構築してきた地区・地域社協といった地縁組織中心の取り組みに加えて、子育て支援等の新たな課題解決のために、まちづくりを含む様々な分野を盛り込んだ重層的な取り組みを拡大しています。

様々な切り口でゆるやかにつながり見守る「場づくり」と、「それを担う人材づくり」を支援し、その場に持ち込まれたり、把握されたりする個々の地域生活課題を地域福祉コーディネーターに繋いでいけるような担い手とコーディネーターとの関係作りを継続していきます（図9）。

6　まとめ

「自らの地域を元気にしたい」といった自己実現や地域活性化に向けた想いのもと、まちづくり分野で活動している住民が、地域福祉コーディネーター等と関わりを深める中で、福祉的支援を必要とするケースや、地域生活課題への気づきを得ていく過程が見られました。

地域における重層的なセーフティネットを確保していく観点からも、住民をはじめ多様な主体の参画による地域活動を普及・促進することが必要になります。地域活動の多様性を踏まえ、各主体に対し積極的な活動への参画を、柔軟かつ積極的に促すために、企業や商店、住民自治などの様々なまちづくり分野の社会資源とつながることで、多様な社会参加の場づくりと地域社会の持続の両方を目指して取り組みたいと考えています。

特集Ⅱ　コミュニティソーシャルワーク・パワーアップセミナー 2024

八王子市のまるごとサポート体制
──重層的支援体制整備とは──

八王子市社会福祉協議会支えあい推進課　**大島和彦**

八王子市社会福祉協議会支えあい推進課におります大島と申します。どうぞよろしくお願いいたします。今日はテーマにあるとおり重層的支援体制整備事業とコミュニティーソーシャルワーク実践ということをさせていただきたいと思います。まず八王子市の概況を若干お話しさせていただきまして、そのあと八王子の包括的支援体制の概要、それとはちまるサポート、こちらの設置状況とか経過、役割等をお話ししながら、実際の相談事例について少しお話をさせていただきます。最後に、昨日、宮城教授に私たちご指導いただいておりますが、はちまるサポーターについて、お話しさせていただきたいと思います。

まず八王子の概況ですが、東京の西部にございます。人口は約56万人ということです。自然は大変豊かではございますが、自然災害とも向き合っている地域になります。ちょうど今、台風で大雨が全国で降っておりますけれども、八王子も昨日かなり雨が降りまして、複数の被害が出ているという報告を受けております。2019年にやはり台風被害がございまして、広範囲で浸水被害、土砂崩れございました。八王子社協として初めて災害ボランティアセンターの運営に取り組んだという経験もございます。自然は豊かですが、ちょっと裏腹な部分もございます。

では、八王子市が、重層事業の中でどのような包括的な支援体制の構築を目指しているかでございますが、八王子市の図でございます。地域住民の相談難民を生まないために、ということで、内容・分野を問わずまずは身近な相談窓口で受け止めて支援体制が提供される体制が整うことを八王子市は目指しております。

その中ではちまるサポート、私どもが受託運営をしております、はちまるサポートにつきましては、どこに相談したらいいかわからない相談難民を生まないための事業としてはちまるサポートというものを位置付けております。様々なご相談を受けて多機関連携につなぐ仕組み、ここの部分も八王子社協が受託をさせていただいている部分でございますが、ここで様々な連携・調整をしていくことで今、動いております。令和3年からの受託でございまして、重層

スライド3

はちまるサポート（八王子まるごとサポートセンター）

重層的支援体制整備事業の中心となる包括的な相談支援

支援の狭間に落ち込む生活課題や、複雑化・複合化した問題の相談を受付け、状況整理しながら適切なサービスや支援機関につなげる、福祉の総合相談窓口を設置(R3〜)

(1) 運営日時
　　月〜土曜日(祝日、年末年始を除く) 9時から17時
(2) 運営体制
　　コミュニティ・ソーシャルワーカー（CSW）2名
(3) 機能
　　① 相談支援機能（包括的相談支援）
　　② 課題を抱えている方等への継続的な訪問支援（アウトリーチ支援）
　　③ 課題を抱えている方等を地域や社会とつなぐための交流や社会参加の支援
　　④ 地域活動の充実、居場所や交流機会等を確保する地域づくりの支援
　　※ 八王子市社会福祉協議会への委託等により実施
　　※ 地域包括支援センターとの併設化を推進

スライド4

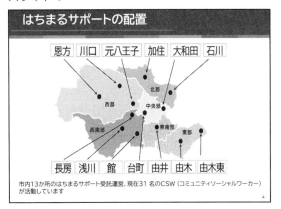

はちまるサポートの配置

恩方　川口　元八王子　加住　大和田　石川
長房　浅川　館　台町　由井　由木　由木東

市内13か所のはちまるサポート受託運営、現在31名のCSW（コミュニティソーシャルワーカー）が活動しています

事業当初から受託をさせていただいておりまして、3年経過をしておりますが、少しずつでございますが進めています。分野横断的な相談というか、庁内連携につきましては、八王子市のほうでここは積極的に取り組んでいただきたいと私どもは思っていますし、お伝えをしているところであり。はちまるサポートはどちらかというと連携の部分においては地域をベースにして、地域の活動者との連携、住民との連携、多様な主体との連携。その辺を構築していくような役割の、多機関協働の分担というような流れに少しずつなってきているところでございます。

スライド3、はちまるサポートの内容を書いております。開所日時は月曜から土曜まで、9時〜17時です。ソーシャルワーカーは2名体制になっております。機能としては、①から④という機能を備えて行っております。ソーシャルワーカーに関しましては、重層事業を請け負う前までは1名体制でしたが、重層事業を受託してからは2名体制で実施をしているところでございます。

スライド4、八王子市の中でこのような分布で設置されています。大変広域でございますので、各地域に拠点を設けまして、身近なところでご相談を受けたり、住民等と一緒に活動しております。はちまるサポートは令和3年の受託以降の名称になっておりまして、実は平成26年、社協の地域福祉活動計画発展強化計画の中で、社会福祉協議会として地域で身近なところで住民の方々と共に活動をしていきたい思いがございまして、平成26年、地域に拠点を作っていこうという計画をしました。それが今の重層事業のはちまるサポートにつながっていることになっております。26年当初より、八王子市とは協力関係を保ちながら、市が場所を確保し、運営は社会福祉協議会が運営を主体的にしていくという形で令和2年まで進めてまいりまして、令和3年以降は市の受託事業といたしまして今運営を継続しているところでございます。

続きまして、相談支援に関する個別支援と相談事例等を紹介しながら、我々の実践をご報告させていただきます。スライド6、7、こちらは昨日宮城教授の講演の資料と同内容のものでございまして、2021年の相談に関してのCSW向けのアンケー

スライド6

はちまるサポートにおける相談・支援の効果についての調査

コミュニティソーシャルワークのご指導をいただいている、法政大学宮城研究室の協力のもと、相談・支援に関し、CSWへアンケートを実施

●調査対象：2021年4月～12月の1年間の新規相談・継続相談
●対象実数：609世帯719人

| すべてのケースについて、課題として該当する30項目をチェック。 |
| 実数：1,161 |

世帯が抱えている課題（集約・割合）

1. 経済的困窮、就労不安定　　　　21.8%
2. 身体、知的、精神障害（疑い含む）12.9%
3. 孤立、引きこもり、ニート　　　12.4%
4. ごみ屋敷、住居不安定　　　　　7.6%
5. 近隣トラブル　　　　　　　　　6.3%
6. 認知症　　　　　　　　　　　　5.3%
7. 家庭不和、家庭内暴力　　　　　3.3%
　　　　　　小計　　　　　（69.6%）
8. その他　　　　　　　　　　　30.4%
　　（ホームレス、自殺企図、依存症、虐待、
　　不登校、養育困難、非行）

スライド7

はちまるサポートにおける相談・支援の効果についての調査

ケースが有する課題に対する、支援後の変化や効果に関し、以下の項目について調査

★改善（かなり改善している、ある程度改善している）の傾向にある比率

●介護の状況や子どもの養育環境について　　　　53%
●社会参加や近隣関係について　　　　　　　　　51%
●経済的な状況について　　　　　　　　　　　　50%
●住居の確保や衛生環境について　　　　　　　　47%
●身体的な健康状態について　　　　　　　　　　47%
●精神的な健康状態について（認知症含む）　　　42%
●家族や親族との関係について　　　　　　　　　30%

トでございます。スライド7、下段の「精神的な健康状態について」や「家族との関係について」、これについて介入していく中での難しさを非常に感じているところでございます。

その中でも、これから少し事例をご紹介しながら、どんな感じで進めているのかを少しご報告をさせていただきたいと思います。改善している傾向にある比率がこのように出ているんですけれども、まずはどのような改善事例があったのかがこちらになっております。80代後半の女性で寝たきり夫との2人暮らし。認知症の診断があり、やはりコロナの影響により、認知傾向が進んでしまっている。ここで傾聴ボランティアを紹介してもらいたいというお話をいただき、ケアマネージャーからいただきまして、我々がボランティアの紹介、コーディネートをしていきました。住民の方々のご協力、支援、インフォーマルな活動によって状態が安定していったという状況でございます。その後、ご夫婦とも入所されて、こちらのケースについては終了しているところでございます。

もう一方は、子ども家庭支援センターか

らのお話でございます。ややご家庭に課題を抱えてございまして、ここには書いておりませんが、母親の方は鬱の症状でいたようです。不登校気味ということで、学習支援ということにポイントを置いて、ボランティアさんの紹介をさせていただきました。この中でも、お母さんとヒアリングを重ねていきまして、どういう状態でどういうマッチングをしたらいいのかをソーシャルワーカーが寄り添いながら継続的に関わってきていたという事例でございます。兄の本人よりも弟の学習意欲が向上するという波及効果も見られた事例になっています。

あまり改善しなかった事例でございますが、総じて長期にわたる孤立状態や家族関係の悪化や人間不信が見られる。本人や家族の病状、暮らしに対する困り感が自覚されていない。これまで他者の相談支援、サービスの利用経験がない。こういうようなことが見えてまいりました。

見られなかった例でございますが、引きこもりの事例でございます。3年前から関わって、この事例に関しましては、今でも私どもソーシャルワーカーがおおむね月2

回ほど家庭訪問させていただきまして、お声掛けをしたり、お母様のご支援をずっと継続しているところでございます。なかなか変化が見れない状況がございますが、我々も諦めないし、ご家庭も諦めないでがんばっていきましょう。お互いに勇気付け合いながら関わっております。ご本人にとって意思を表明していただけない部分があるので、ご本人がどのように思っているのか、その辺も少し、十分に配慮しながら、とは考えておりますが、継続して関わっている事例になります。

もう一方はいわゆる8050という状態でご相談のケースがつながったものになっております。この方も、こんにちまで関わりは続いております。お父さんもお母さんも亡くなってしまいまして、今は一人暮らしになっております。父親の遺産等で生計を立てている状況でございますが、ゴミの状態などがなかなか改善できない部分がございました。非常にこだわりの強い方でございまして、少しずつでございますが、関わってはいます。これまで我々が経験した、この方とは最初のうちはかなり拒否感があったんですが、我々辛抱強く関わっていく中で、私たちに心を開いていただけるようになりました。私たちの声、意見にも耳を傾けていただけるようになりました。現在入院をしております。生活環境の状況が悪くて、皮膚の状態が非常に悪くなったというところで、訪問看護から入院を勧められていたんですが、訪問看護からのお答えは拒否をしていたんですが、その辺の状況を聞きながら我々のほうから別の角度からアプローチをさせていただいて、入院について

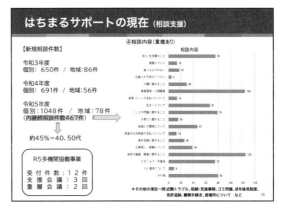

スライド15

承諾し、入院しております。入院しながらも、切れることなく、週に1回はお会いしてお話を伺っているような状況が今も継続しております。

八王子市では、今年、八王子市が第4次地域福祉計画という計画を作成しました。そこのキーワードとしましては「つながる」ということをキーワードとして作成にあたっています。こういう支援の効果の調査の中でも感じたことは、つながるということに非常に効果があるんだろうなと感じました。また、専門職以外の地域の住民の方たちとの関わりの中で、お一人お一人が回復していったり、前向きになっていったりというところを目にすることが多くなってきています。

また、相談支援の可視化ということですが、これは私たちにとっても、調査をしたことによって、振り返りができることもありまして、大変効果があったのではないかと感じております。今年もこれから第二弾として、同じような内容、もう少し精査したもので調査を進めていく予定でございます。

スライド15は、はちまるサポートの現

状になっております。多機関協働事業も担っておりますので、重層的支援会議なりも行いながら、複雑、複合的な課題に対することを関係機関と連携しながら進めております。

はちまるサポーターの話、昨日、宮城先生からお話があったので、少し最後にさせていただきたいと思います。はちまるサポーターは日常生活の中で、地域の問題や課題、ちょっと気になることなどを相談窓口のはちまるサポートにつないでいただく、つなぎ手となるボランティアという位置付けで昨年よりスタートさせていただきました。事例にもあるように複雑複合を持っているご家庭が多く見受けられることで、やはり早い段階でその課題をキャッチしながら、ご当人たちと伴走的に関わっていこうと考えております。そこで地域の皆さんのご協力を得て、情報をまず集めていこうということで、はちまるサポーター、地域のつなぎ手、つなぎになっていただこうと思い、昨年度より始めております。昨年は3か所で、まずは試行的に行いまして、22名の方がサポーターにご登録いただいております。今年はこの7月から9月にかけて全10か所で説明会を行いまして、地域の皆さんのご理解を広げていくように努めています。昨日も2か所でサポーター説明会実施する予定でございましたが、台風の影響もございまして、やむなく中止にしたところでございます。

はちまるサポーター説明会の内容ですが、はちまるサポートの活動をご理解いただくこと、地域の声が私たちの活動源になります。そして、地域の中で、はちまるサポートと住民の皆さん等で、お互いに連携して、協働することが必要不可欠ですね。地域をベースにそれを形作っていきましょう。はちまるサポーターとは先ほど申し上げたとおり、「つなぎ手」になっていただきたい。まずは「つなぎ手」になっていただきたい、というところです。目的は記載のとおり、はちまるサポートの理解者を増やすということも1つ目的にはございます。つなぐ、見守る、というようなところにひとまずは視点を置いて、サポーターの皆さん、地域の皆さんにお呼びかけをしているところでございます。昨日、リンクワーカーというお話もございましたが、まだまだそのような域には達していないところではございますが、そういうものを見据えながら今後活動を展開していければと考えております。

ちょうど20分経ちました。大変雑駁で早口で申し訳なかったなと思うんですけれども、どうもありがとうございました。

| 特集Ⅱ | コミュニティソーシャルワーク・パワーアップセミナー 2024 |

重層的支援体制整備事業とコミュニティソーシャルワーク実践
──遠野市社会福祉協議会が取り組む「福祉でとおのづくり」──

社会福祉法人　遠野市社会福祉協議会　地域福祉課　主幹　**佐々木ひろみ**

1　抱えていた課題

　遠野市は東北地方の北部にある岩手県に属し、北上山地の中南部、内陸部と沿岸部の中間に位置しています。面積は 825 平方キロメートルと広大で、その 8 割が山林に覆われた典型的な中山間地、条件不利地に 24,306 人が暮らし、高齢化率は 42.3 % です。本市も人口減少は避けることのできないものとなっています。かつては地縁、血縁のつながりが強かった地域性も社会生活に対する価値観の変化により人と人との関係が希薄になっている状況を迎えつつあり、この状況から地域の担い手不足に加え、ひきこもり、8050、9060、親亡き後の障害を抱える子の生活自立、生活に困窮している世帯、ダブルケアなど多様化した課題への対応が必要な状況です。人口減と高齢化により過疎化が進む中、安心して住み続けられる古里を守るため、住民参加による新しい福祉のあり方が求められていました。

　市と市社協が一体となって平成 28 年度からスタートする「第 3 期遠野市地域福祉計画」「第 3 期遠野市地域福祉活動計画」を策定するなかで、これからのまちづくりについて検討を重ねてきました。特に大切にしたのが、身近なところで住民の相談を受けられる体制づくりでした。1 地区 1 名の相談員の配置を目指していましたが、財源の確保が進まない理由から、6 名の在宅介護支援センター相談員が 9 地区を担当しなければならない状況にありました。

　このことから市社協は、平成 29 年度から「遠野市多機関協働による包括的支援体制構築事業」(モデル事業)を市から受託し、新たに 3 名の相談員を増員し、9 地区 9 名の配置が実現しました。

2　相談員から丸ごと相談員へ

　これまで相談員が配置されていたのは、通所介護事業所に併設された在宅介護支援センターでした。そのため、高齢者世帯を中心とした訪問によるアウトリーチはできていても、施設に関わりのない人たちが気軽に立ち寄れる相談環境にはなっていませ

んでした。そこで、新たに配置する3人の相談員は、住民が身近な所で相談ができるように、市の公の施設である地区センター（公民館）に配置していただくよう要望しました。また、地域のどのような相談も受け付けることが住民に伝わるように「丸ごと相談員」という名称にしました。丸ごと相談員の活動は、大きく分けて「相談支援」と「地域住民の自主的な活動の後押し」です。地区センターで相談を受けるだけでなく、地域に積極的に出向き、個別の困りごとの掘り起こしと地域住民の自主的な活動を後押しすることを意識し、地域で開催される各種会議等に参加させていただき、顔の見える関係構築に注力しました。丸ごと相談員を配置してから、困っている人や世帯からの相談に加え、地域から「あの世帯が心配だ」という相談が寄せられることが増えました。専門の相談窓口まで行くことができない人が身近である地区センターで相談ができるようになり、支援が届いていなかった個人の発見から世帯への対応と広がりました。

地域生活課題の解決の取り組みとして、支え合いマップづくりやアンケート調査を通し、課題の発見や共有から困りごと解決のために、地域住民が自分たちの地域について関心を持ち、どうしたらよいか主体的に考え地域独自で生活支援サービスを創出しています。丸ごと相談員は、地域生活課題を「我が事」として捉え、解決に向けて取り組むという意識を持ってもらえるよう地域に働きかけを行う立場でもあります。

3　市と市社協で連携協定を締結

市社協としては、全地区センターに丸ごと相談員の配置を目指していましたが、市の公の施設である地区センター内に市以外の相談員を配置することに、市の理解が進まないことから、市の福祉担当とともに配置について話し合いを重ねました。地区センターに誰もが気軽に困りごとを相談できる体制を整備することを目的とした「新たな地域支え合いに係る連携協定」を市と市社協で令和2年8月に締結することができました。

一方で同年10月からは市の施策として地区センターの管理・運営を地域運営組織に指定管理することも決まっていました。地域運営組織の自治意識がより強まる中、丸ごと相談員は地域運営組織との関りを進めていくこととなり新たな地域支え合いのスタートとなりました。

4　福祉でとおのづくり

第4期計画に基づいた取り組みです。遠野市地域福祉計画では、「人づくり」「仕組みづくり」「まちづくり」を基本目標に「小さな拠点」と「福祉でとおのづくり」で進める「新たな地域支え合い」の構築を進めています。「新たな地域支え合い」とは、地域課題は地域が他人事ではなく「我が事」として捉え、課題解決に向けて取り組むとともに誰もが役割を持ち、人と人とが支え合う仕組みを広げる必要があります。丸ごと相談員（コミュニティーソーシャルワー

カー）は地域生活課題の解決に向け地域住民と継続した働きかけを行う専門職です。地区センターに丸ごと相談員を配置し、自治会などの地域運営組織と連携し、「地域支え合い」を展開しています。

遠野市地域福祉活動計画では、「相談支援体制の充実」「新たな地域支え合い」「活動拠点づくりの推進」「連携や協働の強化」を基本目標に掲げました。多様化・複雑化する地域生活課題を住民自らが気づき、発見し制度に手が届かないところを住民がお互いに助け合い、支え合い、住民一人ひとりのその人らしい暮らしを尊重しながら地域の取り組みを進めている途中です。長期的に個人や世帯のライフステージに応じた予測から伴走支援を展開することが重要であるとケースから学ばせていただきました。

令和4年度から重層的支援体制整備事業の取り組みが始まりました。市は庁内の相談調整、つながる共有会議（市支援会議）の開催、交付金の管理等の業務を担う「支え合い支援担当」を配置するとともに、市社協は多機関協働事業の主担当並びに相談支援機関との連絡調整と丸ごと相談員の統括的役割を担うため「包括化推進員」を専任配置しています。相談支援体制の充実は、既存の支援関係機関の機能や専門性を活かし、相互にチームとして連携を深め、市全体の支援体制が底上げされることをねらいにしています。現場の支援者が困難ケースを抱え込み、孤立しないためチームを構成し情報の共有・支援の方向性の検討を重ねています。チーム会議では個別課題の要因・背景の把握とともに将来予測のもとケースを中心とした関係機関と共有・見立てるこ

とが重要と考え、チーム構成員各々が専門的な立ち位置での助言・検討する意識が広がりつつあります。

5　小さな拠点で始まった新たな縁づくり

地域生活課題を解決するだけではなく、新たな「縁」をつくるための社協あげての取り組みです。「気にかける」が増えると「安心」が増えます。話し合いから生まれた生活に密着した地域交通支援、買い物支援等の試みが小さな拠点から始まっています。主役はその地域に暮らす住民でないと意味がなく、長続きしません。新たな縁をつくる動きを市とともに支援していきたいと思います。

小さな拠点で始まった新たな縁について紹介します。

移動販売事業者とのマッチングは、
①困りごと意向調査の実施
②調査結果から「買い物弱者への支援」に方向性を定め
③対象者をしぼりアンケート調査を実施
④移動販売を行っている「A商店」と協議
⑤移動販売のルートを検討
⑥テスト走行、ルート・時間を定める
⑦移動販売マップの完成

①から⑦の段階を経て社会資源として創出されました。商店・住民の双方に効果がありました。それ以上に移動販売場所が「集いの場」となり、そこを利用する住民同士が自然に見守りし合う、そんな居場所になりました。

生きづらさを抱えた方の居場所づくりです。

①社会との交流が苦しくなった期間7年。父からの相談で関り始めた（R 2.10）（継続的なアウトリーチ支援）

②関わり始めから1年5カ月後、「4人のクリスマス会」開催（R 4.12）

③児童館でのカレー作りの手伝い、児童との交流（参加支援）

④学校・教育委員会の理解と主治医の後押し

⑤放課後等学習支援「はなまる教室」学習ボランティア（R 5.10～R 6.2）

⑥本人・小学校長・教育委員会で話し合い

⑦令和6年度継続決定（R 6.4～R 7.3）

　社会とのつながりを彼のペースで取り戻しました。居場所づくりをコーディネートした丸ごと相談員自身にもたくさんの不安や迷いがあったようです。「社会とつながるのは今なのか？」「体調は大丈夫かな？」「負担にならないかな？」……　学校・教育委員会の理解と主治医の「自分がやりたいかどうかだと思う。やりたい気持ちが少しでもあればチャレンジしてみることを勧めます。これも社会に出るリハビリのひとつだよ。あとは自分で決めること」と後押しされ、彼自身の決断で前に進むことができました。今年度もこの方は、はなまる先生として地域の子どもと向き合っています。

6　これからの取り組み

　9地区に丸ごと相談員の配置が実現し、残りは2地区を残すのみとなりました。

　市社協は、市の目指すべき地域共生社会を「福祉でとおのづくり」としています。丸ごと相談員を先頭に社協を挙げての地域づくりと連動した福祉の実践です。福祉で地域住民をつなぎ、福祉で住民の支え合いを創出し、福祉で古里をよりよい未来につなげていこうとするものです。

　これまで、地域づくりは市社協の苦手分野でした。そもそも本来業務ではないとするエクスクルーシブの立場にあったからです。

　丸ごと相談員も、介護分野等の経験は豊富ですが、地域づくりでは全くの未経験者で、相当戸惑いながらも日々試行錯誤を重ねて今に至っています。

　待ったなしで進む人口減少と高齢化の中で地域福祉の維持という答えのない難題に取り組まなければなりません。

　福祉でとおのづくりがひとつの試金石と考えます。

　コミュニティソーシャルワーカー（丸ごと相談員）には、地域生活課題の解決とともに地域づくりと連動した福祉の実践をプロデュースすることが求められます。しかし、自ずと限界があります。そこで求められるのが、市社協のみならず、関係機関団体との有機的な関係づくりです。新たな知の集結による協働体の創出を重ね、福祉でとおのづくりに取り組みます。

特集Ⅱ　コミュニティソーシャルワーク・パワーアップセミナー 2024

eスポーツを活用した
関係性の脱構築の実践

新潟市社会福祉協議会　地域福祉課地域福祉係　主査　**田中理絵**

1．きっかけはひきこもり支援

　新潟市社協の CSW が e スポーツに取り組むことになったきっかけは、ひきこもり支援でした。個別支援にあたる中で、虐待対応カンファレンスだと呼ばれて行ってみると、いわゆる 8050 の状態にあったというケースが非常に多くありました。高齢者支援の視点では「虐待した悪い息子」とされてしまうこの方自身にも、実はもっと以前から支援が必要だったよね、という世帯に多く触れ、ひきこもりの長期化による課題、そしてその孤立の状況を目の当たりにしていました。

　そこで、まずは例年社協が主催する多職種連携研修で「ひきこもり」をテーマに掲げ、参加する地域の多様な関係者に「ひきこもりという状態は孤立孤独に関わる地域生活課題」と捉えてもらうことから始めました。すると、嬉しいことに研修参加者から「自分たちの地域の課題は自分たちで具体的に動けるしくみを作ろう」と声が挙がり、多職種連携のための協議体を設立する

ことになりました。社協が事務局を担い、①相談窓口機能②社会調査③啓発活動④支援者の専門性向上の 4 点を柱としました。まずは実態把握を目的とし、8050 を切り口に管内の全ケアマネジャーを対象としたアンケート調査を実施。さらに多職種連携のためのガイドラインを発行することを通して、どの部署が最初に相談を受けても部署間での連携により対応するという姿勢を組織間で確認していきました。

　こうした一連の流れを通して、地域づくりというのは関わる人たちの主体形成と合意形成の途なのだと実感しました。必要性や正しさだけではなかなか人は動いてくれませんし、この地域への働きかけというのは、福祉教育という面が大きいのだなと思っています。今も日々協働する多機関のみなさんと一緒に悩んだり、学び合ったりしています。

2．相談者と支援者の関係性

　取り組みを進める中で、大きな課題にも直面していました。「ひきこもり状態にあ

ることについて関係機関に相談したいと思うか」という内閣府のアンケートに対する回答です。半数以上が「相談したいと思わない」と回答しているんですよね。これは私たち専門職側が重く受け止めなければいけない数字だと思います。「困っているのにどうして相談に来てくれないんだろう」と悩むことも、最初から相手が話すことが前提になっていて何だか権力性を感じてしまいますし、そんな批判的な気持ちと同時に「自分は相手から相談したいと思ってもらえているだろうか」という自問自答も絶えずあります。

そんなふうにモヤモヤを抱えているので、人とのつながりや支援のあり方を考える時にはいつもその形に迷います。ちょっと突拍子もない例えと思われるかもしれませんが、私は今回野外音楽フェスからイメージを膨らませました。1つの大きな興味・関心ごとを共有しながら、でも、一人ひとりは思い思いの過ごし方をしている。最前列で盛り上がる人もいるでしょうし、木陰で流れてくる音楽を楽しむ人もいます。外で飲むビールを楽しむのもありですよね。それぞれ距離感はあるけれど、どこか一体感もあるというというか。その人なりの参加の仕方が尊重されている空間、それが野外音楽フェスのイメージだと思っていて、同じように支援の場でも"相談を直接の目的にしなくても誰かと時間や空間を共有する"ということができないか、あるいはそんな空間を意図的に作れないかという思いがありました。

3．eスポーツの可能性

そんな野外音楽フェスにおける音楽のような魅力的なコンテンツを探しているうちにひょんなことからeスポーツの構想が始まりました。既に若者の間でコミュニケーションツールとしてeスポーツが確立しているのであれば、活用の可能性は十分にあると思いました。こちらの考える窓口からは離れて、ひきこもっている彼らのフィールドから始める、そんな思いでスタートし、徐々に色々な方たちの協力を得ていきました。eスポーツ科のある専門学校や、eスポーツ部を作っている企業など、これまで私自身関わって来なかった地域の団体との協働が始まったわけです。専門学校の先生からは、「生徒の中にも過去につまずきを経験している子もいるが、同じようにeスポーツが好きな仲間の集まる所へ行くということで登校のハードルが下がった子もいる」という話もありました。

当たり前ですが、地域に暮らす一人ひとりを取り囲むものは、私たち福祉分野だけではないはずなんですよね。そんな当たり前のことを頭では分かっていたつもりだったのに、ひょっとしたらこれまでの自分の連携というのはものすごく狭い視野の中でしか行えていなかったんじゃないかと思わされました。

このように協働するパートナーを得て、eスポーツ大会の開催が実現しました。参加者募集は企画側からの一本釣りで、まずはクローズドな参集大会を経て、その後企業eスポーツ部との共催でオンライン大会

に発展していきました。

支援関係を打破する意味ではとても面白い効果がありました。あるCSWが連れてきてくれた男性は、この時のゲームタイトルを普段からプレイしているということで、一人ダントツにうまかったんです。連れてきたCSWは初めてプレイするので、「これどうやってジャンプするの？」とオロオロしているのを隣で彼が教えてくれて。会場に来ていた小学生たちから「あのお兄さん、めっちゃ強いね！次は勝ちたいね」なんて憧れの眼差しを向けられたり目標にされたり。

そこにいたのは「ひきこもり当事者」ではなくて、ただ、ただ、「ゲームの上手い兄ちゃん」でした。参集大会で優勝をさらった彼のガッツポーズは今も私たちの脳裏に焼き付いています。もしも窓口で私が彼に出会っていたら、相談者と支援者という関係だったと思います。でも、本人の"好きなこと・得意なこと"を手段として関わることによって、従来の関係性の枠を超えて、一緒に感情の共有ができる、そんな出会い方ができたんじゃないかと思います。こんなふうに安心して参加できる場を積み重ねていくことが、本人の中で「よりよく生きる意欲」というのにつながっていくのではないでしょうか。

4．環境因子としてのeスポーツ

こうした取り組みを企画する際に意識しているのが、ICF（国際生活機能分類）の考え方、特に「環境因子」と「参加」の部分です。物的な環境だけでなく、周りの人の存在やその意識もまた環境因子に含まれるというこの考え方が私はとっても好きです。このICFの考え方は、障害にとどまらず、さまざまな背景を持って、今現在参加が難しい状況にある方にも当てはまるのではないかと思います。今は外に出て直接会うのが難しいという方でも、単にその方が頑張って外に出るという方法だけではなくて、直接会わなくてもつながれる方法が環境因子として整備されているかどうか、という視点です。そして、周りの意識も環境因子のひとつという点では、eスポーツなど文化的な側面を活用した参加の形に対して周りの人々が寛容であることもまた、本人たちの参加のしやすさに影響を与えるのではないかと思います。私も、皆さんも、誰かにとっての環境因子であるということですよね。それを忘れないようにしたいと思っています。

4．eスポーツをきっかけにした
　　ふくしとの出会い

もうひとつ、この環境因子としての周囲の理解という視点から、eスポーツを別の企画にも活用しています。環境因子となる周りの人々の中には、当然、福祉のことをよく知らない人も存在します。興味や関心のない人にも理解を深めてもらうという福祉教育の視点で、障害理解をテーマにして福祉機器を活用したeスポーツイベントを開催しました。それが「アソビでふくしに出会う夏」と題した体験型イベントです。

夏休み中の商業施設を会場に270人が来場したこの企画。肢体不自由のある人も

押しやすい大きなスイッチ型のコントローラーを使ってのパズルゲーム対戦や、車イスユーザーで構成されるサッカーゲームチームの実演、先天性全盲の格闘ゲーマーがサウンドアクセシビリティ機能（視覚情報を用いずに音による情報だけでプレイできる機能）を活用する様子など、子どもたちにとって身近なゲームを通して障害や福祉機器を知る機会となりました。

こちら、前述のひきこもり支援を目的にしたイベントの参加者の中からもボランティアとして運営側で関わってくれた方もいました。運営側は難しいけれど……と一般参加者として来てくれて、丸1日会場で過ごしながら初対面の人とも対戦や協力プレイをしていた方もいます。eスポーツを切り口にしたからこそ、こうした連続性が生まれたのだと思っています。

5．関係者の意識変容

体験型イベントの参加者から「福祉は大変な人の手助けだと思っていたけど、それだけじゃなくて一緒に楽しめることも分かった」という福祉観の転換という声が聞かれただけでなく、企画運営に携わったスタッフ一人ひとりにも意識の変容が見られていたことも面白い点でした。

企業eスポーツ部の方やeスポーツ科専門学校の先生からは「福祉の取り組みということでもっと気を使うのかと緊張したが、最終的には誰が当事者か気にならなかった」「ゲーマーとしての親近感を覚えた」などの声をいただきました。

実は、私自身も複雑な気付きがありました。ゲストでもある先天性全盲の格闘ゲーマーとの対戦を希望して来場したという方がいらっしゃいました。福祉には全く興味がなかったという方でしたが、「同じゲームが好きなので、同じ条件で、私も音だけで対戦してみたいです」とアイマスクとヘッドセットを持参されていました。正直に言いますと、私からは逆立ちをしても出ない発想だなと思いました。望んで見えない状況になったわけではない方に対して「自分も同じようにやりたいです」と言うのは失礼なんじゃないかと……、気遣いとも違うそんな感情が自分の中にあることを気付かされました。対戦を希望された方は、ゲストの方を「障害のある人」と捉えたのではなくて、「実力のあるゲーマー」「自分と同じゲーマー」と捉えたからこそ出た言葉なのでしょう。とすると、特別視していたのは私の方だったのかもしれません。

ひきこもり支援としてのeスポーツ大会も、障害理解としての夏休みの体験型イベントも、「遊ぶ」という生活の中の時間をともに過ごすからこそ気付けることがたくさんありました。目の前の相手を「当事者」や「支援対象者」というフレームだけで見ていたら、「生活者」としてのその人が何を大事にしているのかということに気付けないのではないかと思います。その人の生活の中の時間を共有する、相手の楽しみを共有する。そこから生まれる関係者同士の気付きや変容も大事にしながら、地域の中での相互作用を生んでいきたいと思っています。

特集Ⅱ コミュニティソーシャルワーク・パワーアップセミナー 2024

浦添市における地域づくり プラットフォームのひろがり
——フクシでまちづくり——

社会福祉法人沖縄県浦添市社会福祉協議会　地域福祉課　地域福祉２係　係長　**石原宏紀**

1．はじめに

　浦添市は、沖縄県の県庁所在地である那覇市に隣接し、本島南部と境目に位置する。那覇市のベットタウンとして発展しており、人口は約 11 万 5,000 人（世帯数：約 5 万世帯）と近年人口増加が著しい市である。

　浦添市社会福祉協議会（以下、本会）は 5 つの中学校区ごとにコミュニティソーシャルワーカー（以下、CSW）を配置し、地域自治会や民生委員児童委員、学校や関係機関・団体と協働し「地域共生社会」の実現に向け、日々奮闘している。

　地域には認知症高齢者の徘徊、サービスや支援の拒否、ひきこもり、虐待、セルフネグレクト、社会的孤立など様々な問題が存在する。また、担い手そのものが減っていく人口減少社会である中、これまで通りの支援、あるいは既存の福祉コミュニティでは限界があると感じるようになった。

　地域共生社会を実現するためには、これらの社会福祉問題を素材として地域住民と学習していくことが重要と考える。多くの人達と「ともに生きる」をテーマに学びあったり、語りあったりすることで地域にある問題に気付き、解決する為にはどう行動するべきかを考える機会（福祉教育）を意図的に創出していくことで、地域福祉に関心を持ってくれる人々を増やし、主体性を育むことができるのではないかと感じる。本稿では、CSW として勤務し、曲がりなりにも工夫し実践してきた「福祉教育プラットフォーム」をいくつかの事例を通して紹介させていただきたい。

2．浦添市の現状と課題

　2020 年の国勢調査の結果をもとに推計した本市の人口推移では、2025 年までは人口は増加するものの、その後は一貫して減少する見通しとなっており、緩やかではあるが本市も人口減少社会に突入している。また、高齢化率に関しては 22％となっているが、2040 年頃までには、おおよそ 30％に達し３人に１人が高齢者になると言われている。さらには、本市の自治会加入率は 18.25％となっており、年々、加入

率が低下している事が現状となる。このように地域のコミュニティが希薄化し、前述した社会的孤立の問題や複雑化・複合化した問題が増加していく一方で、日本が人口減少社会にあるという事は、地域を支える「担い手」そのものが減っていく時代にあるという事である。

しかしながら、まったく地域には担い手が存在していないわけではなく、農家やカメラマン、保育士や何かしらの職人、最近ではフリーランス等、実は地域には多様な住民が点在している。私たちCSWは、このような多様な人材とジャンルを超えて協働でまちづくりをしていく事が先程述べた地域課題を解決していく1つの方法になると考え、地域課題を解決していく多分野協働のプラットフォームを構築していく事を目指している。

本稿では、私が立ち上げに関わった2つのプラットフォーム、「高齢者支え合い部会　福ふく会」（以下、福ふく会）と、「BEE FREE LAB.（ビーフリーラボ）」について紹介していきたい。

3．高齢者支え合い部会「福ふく会」

福ふく会は、地域の高齢者に関する課題や困りごとをメンバー間で共有し、解決に向けた施策や取組みを創出しているプラットフォームになる。CSWや地域包括支援センター、ケアマネージャーなど、仕事として高齢者と関わっている専門職と、想いで高齢者に関わっている自治会長や民生委員で構成されている。個別支援ニーズに応じて様々な取組みを行っており、主に高齢者の社会参加を目的とした共同農園「福ふくファーム」や「森もりファーム」などの取組みは評価を受け、沖縄県福祉のまちづくり県知事賞を受賞している。

今回は、福ふく会が立ち上げた共同農園「森もりファーム」について紹介していきたい。

森もりファームの運営は、福ふく会のメンバーを中心に、小学校、自治会、社協CSW、高等支援学校の生徒、児童センターで行っている。

小学校の利用されなくなった敷地を活用し、主に大豆を栽培しており、収穫した大豆を使って豆腐づくりを行うまでが表向きのコンセプトとなっているが、実は、畑自体をすることが目的ではなく、メンバーそれぞれが目的や課題が違っており、それを達成する為に、畑をしていると言う構成になっている。（※図1）

具体的には、福ふく会は「高齢者の役割創出」、小学校は「コミュニティスクールの一環」、自治会は「担い手確保や地域の防災意識の向上」、社協CSWとしては、「地域での福祉教育」の展開、高等支援学校としては、「高校生の社会参加」、児童センターであれば、「子どもの第3の居場所づくり」

図1
■森もりファーム

写真1

写真2

写真3

等、森もりファームを通して、おのおのが課題を解決していくようなメンバー構成となっている。

（写真1）が共同農園森もりファームとなっており、畑では沖縄在来の品種である「青ヒグ」を植えている。（写真2）日頃の管理やお手入れは、地域のキーマンである地域のおじい、おばぁ達、また神森小の生徒たちや高等支援学校の生徒たちも参加し、畑の手入れを行っている。（写真3）

収穫した大豆は半年かけて乾燥させ、昔ながらの方法で木の棒を使い脱穀している。脱穀は地域住民が通る歩道の近くで行っており、そうする事で地域のお年寄りが「昔はよくやっていた。懐かしいね〜」等の会話が住民同士の中で自然と生まれた。そして、昨年末「年越しゆし豆腐づくり」を小学校の敷地内で行った。（写真4、5、6）

地域の子ども達やお年寄り、先生たち皆で、石臼を使って大豆をすりつぶしたり、絞ったりなどの作業を行い、ゆし豆腐をつくりみんなで味わった。その時のちょっとしたエピソードを紹介したい。

（写真6）は地域のおばぁちゃんが来て石臼を回している様子だが、最初は杖ついて、介助されながら来ていた。周りも心配して見守っていたが、いざ石臼を前にすると力強く大豆を引き始め、「懐かしいね。昔はよくやってた」と嬉しそうに話しながら、その後は子ども達に「こうやってやるんだよ〜」と教え始めたのである。これまで福祉の支援対象者って言われていた高齢者が、地域の担い手へと変容している様子を捉えた写真となっており、経験と知恵を持った大人が「担い手」として、子ども達へ伝えていくという素敵なエピソードが「ゆし豆腐づくり」を通して生まれた。

写真4

写真5

写真6

このプラットフォームでは、属性や世代、あるいは一人ひとり自分自身の役割りを越えて協働しているところがポイントとなる。

4．BEE FREE LAB.（ビーフリーラボ）

次にご紹介するのが、2021年に結成した「ビーフリーラボ」というプラットフォーム。このプラットフォームでは、ひきこもりや就労に不安を感じている若者の社会参加を目的に、当事者と一緒に養蜂活動をとおして地域とのつながりを構築していくことを目指している。

経験ゼロ、資金ゼロ

きっかけは、30代ひきこもり当事者の「蜂蜜をつくってみたい」と「人と会わない仕事がしたい」という一言だった。ビーフリーラボのメンバーは現在、社協職員や精神保健福祉士、自治会や大学生らジャンルを超えた多様な12人。森もりファーム同様、参加者それぞれが課題を持っており、蜂蜜づくりを通して課題を解決していく構成となっている。（※図2）

養蜂を始めた時は養蜂経験ゼロ、資金もゼロの状態だった。まず行ったのは、協力者探し。インターネットで養蜂園（那覇市）を探し出し、直談判。協力を得た。次に資金を工面するため、その当事者とともに市の助成金を申請。自治会の協力も得て、勢

図2

理客（じっちゃく）公民館への巣箱設置に至った。巣箱は10日に1回の頻度で管理している。

「蜜蜂とひきこもりって知ると案外怖くない」

別のコミュニケーションが苦手な20代男性も約3年前から養蜂に参加。男性は大学卒業後に引きこもるようになり、コミュニケーションはスマホでの「筆談」。養蜂が肌に合ったのか、今はその男性がメインで養蜂を担当している。「女王蜂を見つけるのも早く、作業は丁寧。プロ意識があり、任せられる」存在だ。養蜂に携わるようになってから男性は大きく変わった。男性は巣箱の内検などを終えると公民館の誰とも関わりを持たず、外でビーフリーのメンバーを待っていることが多かった。しかし、最近、自治会長らから「休みなさい」と声を掛けられ、公民館内に入って来るようになり、特に会話はないが、自治会長らと同じ空間でお菓子を食べられるようになった。自治会長からは、「初めはひきこもりや蜜蜂を公民館で受け入れることに不安だった。でもいざ関わってみると、一生懸命に巣箱を内検する〇〇君と名前で呼べるようになったし、せっせと働く蜜蜂に愛着も湧いた。ひきこもりも蜜蜂も知ると案外怖くない」と話す。

十五夜と蜜蜂

巣箱を設置している勢理客自治会は「十五夜」と「獅子舞」を大切にしている自治会。新型コロナウイルスの影響で獅子舞ができず、地域住民が集まれなかった。ちょうどそのタイミングで勢理客公民館に巣箱を設置できたため、地域を盛り上げるためにと採れた蜂蜜を「十五夜と蜜蜂」として、地域清掃活動の際に地元住民に配布。採蜜には地元住民や近隣保育園などを招待。地域の若者が蜜源を増やそうと花を植えるようになるなど、養蜂を軸に着実に地域の担い手が育っている。

ごちゃ混ぜの方が効果的

ひきこもり当事者と支援者の関係は上下関係、または主従関係になりやすい。しかし、ビーフリーラボではひきこもり当事者も支援者も養蜂は素人。そのため、支援者と当事者という関係性ではない。地域住民からは「ビーフリーラボって、誰が当事者かわからない感じがすごくいい」と評していたことから、福祉でまちづくりをする際、支援する側される側でまちづくりをするより、ごちゃ混ぜの方が効果的だと感じる。

23年12月にはビーフリーラボのメン

バーの一人が養蜂園で３日間インターンを経験。24年９月からは同園で少しずつ働くことが決まった。

5．さいごに

ここまで、２つのプラットフォームを紹介させて頂いたが、私がプラットフォームを形成する上で、大切にしているポイントは３つある。１つ目は、「多様な人材との協働であること」。２つ目は、「一人ひとりが課題を持っていること。（※その方が主体性が生まれやすい）」。３つ目は、「支援の対象者から『担い手』としての変容を意識すること」。

とりわけ、３つ目に関しては、地域での福祉教育を展開する上で重要な要素である。地域における「支え合い」を推進していく為には、いわゆる支援対象者を「支援対象者」の枠で捉えるのではなく、「地域の担い手」として捉えていき、変容していくまでの過程や物語を福祉教育の素材として展開することで、共感が生まれ仲間が形成されていくのである。

CSWの地域づくりや福祉教育というものは、そこに住む住民一人ひとりがもつ物語をより多くの住民と共有や共感していく、ある種「語り部」のような役割を持っているのではないかと最近感じるようになってきた。今後も１人ひとりの関わりを大切にし、豊かに生きていくためのプラットフォームを展開していきたい。

特集Ⅱ コミュニティソーシャルワーク・パワーアップセミナー 2024

地域の存続のために進んだ法人合併の道

海士町社会福祉協議会 **片桐一彦**

1．はじめに

　海士町社会福祉協議会は令和5年4月に2つの社会福祉法人（特養・障害）を吸収合併した。島根県の沖合60㎞に浮かぶ隠岐諸島の1つ海士町。人口わずか2,200人、面積33.5㎢の小さなコミュニティは人口減少、財政危機など日本をとりまく課題の先進地である。今回、島に4つある社会福祉法人が単独で運営が困難な状況となるのを見据え、島の「地域」が存続するために3つの法人が合併するに至った経緯を発表させていただく。

2．地域創生のトップランナー

　平成16年、海士町は国立社会保障・人口問題研究所の将来人口推移データによる平成26年の人口、それに伴う経済状況は財政再生団体となる予測が立てられていた。島に希望を取り戻すべく、山内道夫（前）町長によるリーダーシップのもと「ないものはない」をスローガンに産業・教育・観光分野で数多くの日本初の取り組みを行った。特に島内にある隠岐島前高校の魅力化プロジェクト（島留学）は全国から学生が集まり、多くのメディアで取り上げられた。現在では高校生だけではなく「大人の島留学・島体験」と枠を広げ毎年100名近い若者が移住する島になった。海士町は「Ｖ字回復の島」「地方創世のトップランナー」と呼ばれるようになり、NHKの新プロジェクトＸで全国に紹介されたのは新しい記憶である。

3．全国で名を知らしめた海士町、その時福祉は……

　海士町には海士町社会福祉協議会、あま福祉会（特養）、だんだん（障がい者サービス）、慶照学園（保育園）の4つの社会福祉法人があり、それぞれが人材不足で悩みサービスの縮小を余儀なくされていた。福祉現場では約150名の職員が必要で、人口減少が続く小さな島でこれだけの職員、特に専門職を確保し続けるのは、もはや不可能であった。人材不足は福祉だけ

でなく医療や他のサービス業、もちろん第一次産業も深刻で島内では働き手として人の取り合いが生じている。行政は前述のとおり、産業・教育・観光を中心とした改革に着手していたが、本来福祉（介護）は家族がするもので、公的サービスが対応するものではないと、決して福祉の課題に対し前のめりではなかった。

現実、子どもは高校卒業後ほとんど島外へ進学し、島で就職する者はごくわずか。核家族が進み、高齢者のみの世帯が増え続けている。「海士町には専業主婦がいない」と言われるほど、ほとんどの人が働いており、日中介護ができる状態ではない。在宅介護が必要になると公的な福祉サービスへの依存が高く、家庭介護力が低下している。島の福祉施設に入ることができず、島外から子どもが帰ってくることもない、家庭介護力も低下していれば、当然の結果として高齢者の島外転出が増加してくるのである。

4．いきいきと死ねる島

本土であれば、隣の市町のサービスを利用したり、施設に入ることも珍しくない。県外の子どもたちが週末支援に来ることもあるだろう。これが島となると60キロの海を渡り、子どものいる都会地へ移住が余儀なくされる。高齢者の転出を見送る港では3種類の涙が流される。地域住民（友）が流す惜別の涙、もう二度と生まれ過ごした島には戻れない本人の涙、そして何もできなかった「ごめんね」というワーカーの涙である。これ以上流す涙を増やしたくない。ただ自分たち（福祉分野）だけで考え

るのは限界と感じ、2014年他分野の意見を積極的に取り入れるため島中の団体（観光・産業・教育・建築……）を巻き込んで「海士の地域・福祉の未来を考える会」を発足した。さらには島全体で覚悟を決めてもらうために地域福祉活動計画「いきいきと死ねる島」（2015～2019）をCSWが中心となって策定した。計画の内容は福祉留学による人材確保、島全体での福祉学習、地域介護員の配置、法人連携などである。海士町には島留学（島前高校）のノウハウがあり、圧倒的な危機感によるチャレンジとキャッチーなタイトルの計画に島外から仲間が集まり、介護員のみならずCSWも島外からの移住者が担うようになった。思いのほか順調に計画が進んでいたと思われたが、この施策に特養の職員の参加が減っていった。

5．特別養護老人ホームの崩壊

2019年12月、特別養護老人ホームの施設長から人員不足により入浴介助ができない理由で短期入所事業の閉鎖と事業の縮小が申しだされた。離島において短期入所ができないと介護者が島外へ出られない（通院や法要など）。短期入所を利用してギリギリで在宅生活を利用していた高齢者の島外流出が増加していったのである。短期入所の収益がない小規模特養は経営破綻をきたし、事実上の特養崩壊を意味する。

何故、特養崩壊の危機に至ったのか。機能していない理事会、職員の高齢化、課題を抱え込む施設長、現場マネージャーの不在、退職できない職員、退職させられない

職員……組織の崩壊を想像するすべての理由が当てはまった。しかし、行政を含む他法人が傍観していたことも大きな原因だと思う。周りは何となく気が付いていた。特養が危ないことも組織が機能していないことも。そして始まる「犯人探しと責任のなすりつけ合い」行政が関与してなかったからだ、施設長が悪い、理事長が悪い、社協の支援がない……

6．施設がなくなるという地域福祉の課題

　施設福祉と地域福祉は違うのだろうか。自宅で暮らす方が地域で繋がり支え合うだけが地域福祉ではない。海士町において施設が無くなると島で暮らせなくなる人が増える。「いきいきと死ねる島」は死ぬまで現役でいてください、体が動かなくなったら島の施設で過ごすことができますという担保があって成立するのである。施設がなくなると、島外の子どもに迷惑をかけるという理由で、まだ元気なうちに島を離れていってしまうのだ。海士町社会福祉協議会の理念にある「住み慣れた海士町で暮らし続けられる福祉のまちづくりをめざす」という一文だけでも施設存続のために海士町社会福祉協議会が法人支援する理由になる。2020年に行政と共同で「島の高齢者・障がい者福祉施設のあり方を考える会」を施設存続のために法人合併を視野にいれ発足した。

7．下りのエスカレーター

　今のままがいい、まだその時期じゃないという意見が大半。誰もが合併に反対だった、崩壊しかけている特養も事業連携がいいと言っていた。社協職員も特養が努力すればいい問題という声が多かった。何故合併という決断をしたのか、それは「時代の流れ」に抗うことができなかったからである。どれだけ努力しても、いろいろな策を打っても現状維持することが困難だった。海士町の福祉は下りのエスカレーターに乗っているようなもので、何もしないとどんどん下がっていく。体力のあるうちに力を合わせ一歩ずつ前に進まないと地域いや島自体が沈んでいく。それを止めるための「変化」を受け入れる「覚悟」が誰にも必要だった。次の世代の課題ではなく、今の課題として。また、事業連携では本当に心中を打ち明けることができない、同じ法人になるからこそ、本気で協議することができるのだ。

8．合併までの経緯

　2021年4月に法人合併準備委員会を立上げ、本格的に法人合併路線を進むようになる。はじめは経営の立場から協議が始まったが、小さな島の同じ文化圏内、福祉の視点で運営をしている3法人だが、歴史が違う、風土が違う、意識が違う、守るものが違う、日本語を話しているのに全く話が通じない。想像はしていたが正義VS正義のバトルはまさに泥沼化し、2年に渡る協議は100回を超えた。風向きが変わったのは2022年「海士の福祉みらい会議」、CSWを含む各法人から立候補した次世代リーダーチームの誕生である。現場目線で

海士町の地域福祉を守るべく合同で研修し、先進地を視察、マニュアルを作成して全職員向けに合同会議を開催した。まさに住民、地域、在宅福祉、施設福祉をつなげ、これからの未来を作る一歩を踏み出してくれた。この波に乗り、2023年4月1日に3法人は合併し、新たなスタートを切ることができた。後に海士町社会福祉協議会杵築泰久会長は「海士の福祉みらい会議が無ければ合併はできなかっただろう」とコメントしている。もちろん法人合併は経営者や施設長の責務は大きい。しかし、次の世代の道は次の世代を巻き込まなければ、意味がない。

9. 結び

このような施設や地域の状況は皆さまの周りに存在するだろうか。もし少しでも心当たりがあるのであれば、ぜひ我がこととして捉え、地域の存続として積極的に議論していただきたい。

海士町社会福祉協議会は法人合併して1年が過ぎた。合併はゴールではなく通過点。特養の改革も始まったばかりである。このチャレンジを一緒に挑戦してくれる移住者も増え、令和6年度は8名採用した。一番大きかったのは40名だった社会福祉協議会の職員が130名に増え、CSWの視点を持った福祉職員が90名増えたことである。管理栄養士を中心とした食チームによる地域食堂を開始。福祉学習も全施設で受け入れ、施設職員によるボランティアチームも発足した。今まで正解探しばかりしていた島の福祉は地域や島外者を巻き込んで地域を残す、島を残すための正解をみんなで作っていきたい。

特集Ⅱ　コミュニティソーシャルワーク・パワーアップセミナー 2024

地域における CSW と SSW 融合の実践について

（福）天心会　特別養護老人ホーム竜爪園　地域支援部長
コミュニティーソーシャルワーカー　静岡市スクールソーシャルワーカー　福貴　稔

はじめに

　私は静岡市葵区にあります特別養護老人ホーム竜爪園というところでコミュニティーソーシャルワーカー（以下 CSW）ということで配置をしていただいております福貴と申します。

　新たな視点の CSW というところで、自分自身、スクールソーシャルワーカー（以下 SSW）の業務も行っておりまして、特養におけるコミュニティソーシャルワークとまたスクールソーシャルワークの融合の実践ということで、本日報告をさせていただきます。規模の大きな法人ではなく、また、社協さんでもないので、地域にある一法人一施設の社会福祉法人ですが、そこにある資源とか人をそのまま活用することで地域に役に立てることがあるんじゃないかということで、法人専属で CSW を雇用して、制度外のニーズにも応えられれば、ということで活動しております。経営協のアクションプラン 2025 のところも CSW の配置というのが明記をされていて、社会福祉法人にいろんなところで配置が出来ればというところが目標とされています。

法人と地域の概要

　初めに天心会の法人の概要をお伝えさせていただきます。

　静岡市は静岡県の中部にあり政令指定都市ですが、最近人口が 70 万人を切ってしまいました。葵区、駿河区、清水市と 3 区あって、竜爪園が葵区というところにあります。竜爪園は特別養護老人ホームで 140 床と、ショートスティが 20 床、高齢者デイサービス、障がい者生活介護と居宅、それと包括を市から委託されて運営というような事業を行っております。一応、自分たち地域福祉課も法人の中で位置付けをされていて、施設部、在宅部とあって、地域支援部ということで、包括とか居宅とともに地域福祉課というところで現在 2 名 CSW ということで配置をしてもらっています。包括圏域の人口は 2 万 8 千人弱くらい、高

コミュニティソーシャルワーク第 33 号　65

齢者数も８千人くらいというような状況です。この包括の圏域で、自分自身もスクールソーシャルワークをやらせてもらっていて、中学校２つと小学校３つを巡回しております。

特養が一番上のところにあって、そこから１キロぐらい下ったところに事業所があって、そこからもう少し下ったところに１軒家を法人で借りていまして、子どもの居場所の活動等を行っております。所在地の特徴としては、山間地と住宅地の中間に位置していて、山間地では公共バスが運行していないエリアがあったり、若い世代は市街地に行っていたりしています。住宅地の方は、いくつか公営団地もあって世帯が多い分、高齢者とか課題のある世帯も多かったりという状況になっています。また大学が近隣にありまして、学生の数が多いというのが特徴になっています。

活動経緯

平成26年に園長が変更したところで、公益的な取り組みをもっと本腰を入れてやっていこうというところで、いろいろ検討をしました。地域の自治会とか民生委員の方々を招いて福祉ニーズ調査をやったときに、免許を返納した人で移動の足がなくて困ってしまっている人がいるんじゃないかということで、福祉バスの希望があって運行を開始したりしております。平成27年の10月から私、地域福祉部門ということで仕事をしています。その少し前に静岡市内の他の団体さんと連携をして、子どもの貧困の連鎖予防事業ということで、週１

回生活支援や学習支援の事業を行っています。

そのあと、いろいろと活動があったりして、WAMNETさんの助成事業も助成金をいただいて行ったりしています。報告書がQRコードから見れると思うので、見ていただけると幸いです。SSW自体は令和2年からスタートしていて、子どもの貧困の居場所の事業をやっているときに、圏域のSSWさんとつながったりしましたが、その方が辞めるという情報があり、静岡市教育委員会の試験を受けて、この圏域のSSWをやっているというところです。

活動報告

では法人の地域福祉事業を紹介させていただきます。以前、移動支援のバスを走らせてはいたんですけど、こちら、うちの法人で運行させていただいていたんですけれども、それだと目的地まで行くのに民間のバス会社さんとの話し合いの中でもバスが通っている区間もあるので、スーパーまではちょっとご遠慮いただきたいという話もあったりしました。コロナで一旦お休みして、そのあと、地区社協さんの事業でやっていただくようにして。事務局と運行は竜爪園でやって、というかたちで。今は目的地まで行けるような移動支援が出来ております。近隣の回覧板で周知をして、利用したいよという方が出てきたり、あとケアマネジャーさんからつないでいただいて利用したりというかたちで週1運行しております。

山間地の公民館でも出張の介護予防講座

なんかもやっています。静岡市はS型ディサービスと言って、静岡型の地区社協が行うサロンのような活動をやっています。山間地だとそういうものがなかったりしたところで相談もあったりして、山間地の公民館まで出張で行っています。「龍爪会」っていう怖い名前のネーミングなんですけど、皆さん、参加してくれています。ただ、昨日、宮城先生からのお話にあったように元々高齢者の、老人クラブさんと一緒にやっていたような感じなんですけど。そこがどんどん先細りしていって、少し来ている方も少なくなっているというような現状もあったりします。その他にも認知症カフェを月1回行っています。

またNPO法人青少年就労支援ネットワーク静岡という団体があるんですけど、こことも連携をしたりして。引きこもりがちな若者だったり、働きたくても働けない若者の就労の相談であったりとか。竜爪園のほうで就労体験をしてもらって、そのまま働く方もいらっしゃったりしています。ちょっと福祉はあわなかったと言って、別の業種で働く方もいらっしゃったりしますが今までも10名以上の若者の働く体験先として受け入れしたりしています。やはり車などなかったりするとあまり遠くで働き続けることは大変なので自転車やバスで簡単に来れる距離にあることが望ましいなと思います。

その他にも不登校こどもの居場所や、他団体と共同で生活困窮のご家庭のお子さんの居場所作りということでやっております。

こちら、本当に大学生の力が大きくて、子どもと1対1で関わってもらうことで愛着の課題を少しでも解決していければ、他者を信頼してもいいんだということをこどもや保護者に感じて貰えるよう、本当に多くの学生さんが参加して活動してくれています。元々先生を目指そうとしていた方もここで現状を知って福祉の方に来てくれる学生さんもいました。昨日も静岡市の心理職員の合格発表が出ていたんですけど、ここに関わってくれている方が3名合格していました。学生にとっても実践の場にもなっているのかなと思います。平成27年開設以来90名以上の学生延べ5,000名以上がボランティア参加をしてくれています。

その他にも刑務所からの相談で満期出所者の出口支援や、静岡市社協さんの暮らし仕事相談窓口との連携で、引っ越しの作業であったりとか、その後の生活の支援等も行ったりしています。

事例

少し事例で、①の父認知症、母外国ルーツ、娘不登校の世帯の支援というところでは学校で小6の娘さんが学校に行けてないよということで、母親が外国ルーツの方で、家に入ってみるとお父さんも認知症でという世帯がありました。娘さんの方は居場所のところに来てもらって、週1回、学生さんたちと関わることで、ご本人の居場所にもなり、母親の方もそこの場所にも来ていただいていろいろ相談にのったりとかして。お父さんの方は本業の竜爪園の方でディサービスであったり、ショートスティ

を使ってもらってというような形で世帯の支援を行ったりしました。

　スクールソーシャルワークの活動をやっていて、いろいろ小・中学生で家に居場所がないようなお子さんがすごくいることがわかって。夏休み期間なんかで、食事とかも困っているような世帯に関しては、長期休暇中にボランティアで来てもらって、お昼は園の食事を出したりできています。ボランティアの受け入れをしたりすることでお年寄りにとっても若い世代がいることで活気が出てよい刺激になっています。こどもにとっても家族以外の大人と関わることでいろいろな大人がいることを知れたり、安定した食事を一日一回は食べることが出来たりとWIN-WINの関係性が作れていると思います。

　あと、学校で連絡の取れない世帯も結構あって、学校の先生方も来ないので毎日電話したりしますよね。それが保護者の方へのプレッシャーになって、電話にも出なくて、訪問にも出ないというようなところがあったりするんですけど。別ルートで居場所からつながっておいて、学校で連絡が取れない保護者とアプローチしたりとか、そういうこともあります。⑤の中学卒業後ホームレス状態の女子の支援ところでは、中学校のときにも課題があって、夏休み期間にボランティアで受け入れをしていたりした子なんですけど。中学を卒業して、定時制の高校には通っていたんですけど、家を出てしまって、団地の倉庫に隠れて住んでいたりしていました。倉庫に入れないときには、友達の家や公園で過ごしたりとか、という女の子の相談が行っている学校の先生からありました。何とかならないかということで、学校に行って本人と話をしたら「介護の仕事でもいいよ」ということだったので。「介護の仕事をやるようであれば、うちでも面倒はみれるよ」っていうことになり、法人で家や携帯電話を借りて、引っ越しとかを行いました。当然児童相談所へも相談に行き、保護者とも以前から面識もありましたが一人暮らしの許可をもらい、仕事をしてもらうことになりました。最初はなかなか欠勤も多かったりとか、急な休みであったり、ということもあったんですけど。2年くらいすると送迎もいけるし、入浴介助もできたり、レク

リエーションで大人の学校というプログラ
ムも自分が学校の先生になって教えてくれ
たりというようなこともできるようになっ
てきたりしました。今はいろいろあって仕
事は離れていますが18歳の誕生日の際に
部署の人たちが祝ってくれたものは家の中
にも目立つように飾ってくれてました。

最後に

社協以外の社会福祉法人でも制度以外で
活躍ができる場がたくさんあるなと自分自
身も活動を通じて感じております。本当に
全国に2万以上ある社会福祉法人と社協さ
んと。社協だけじゃなく、NPOとか一般
社団法人とかいろんなところと手を組むこ
とで地域の課題解決につながるんではない
かと思っておりますので、社協の皆さま方
も本当に地域にある社会福祉法人をぜひ
頼っていただいて、いろいろ一緒に活動を
行っていただければなと思っております。
ご清聴ありがとうございました。

特別報告

震災時の福祉実践記録

特別報告にあたって

　CSW16 号以来の久しぶりの特別報告である。今回は、今年（2024 年）元旦の夕方に発生した、「令和 6 年能登半島沖地震」の支援活動を報告した。最大深度 7（M.6）という大地震で、建物の倒壊や津波の被害などで死者は 475 人以上の（災害関連死含む）の犠牲者を生み出し（令和 6 年 12 月 6 日現在）、多くの住民（2 月 16 日 14 時時点で 521 か所の避難所が開設されており、1 万 2,931 人が避難生活を続けていた）が不自由は生活を余儀なくされた。ライフラインや交通網はあちこちで切断された。

　特別報告は、2 団体からの支援活動の報告である。社会福祉法人金沢市社会福祉協議会から野口茉衣氏（地域福祉課・本誌編集委員）に依頼原稿を頂いた。また、公益社団法人日本医療社会福祉協会からは、2024 年 4 月より、石川県珠洲市と（公社）日本医療ソーシャルワーカーが委託契約を結び本格的な支援活動が開始された。現地責任者、常駐 MSW の野口典子氏、日本医療大学の笹岡真弓氏に寄稿頂いた。

　前者は、被害者でもあり支援者という二重の立場からの生々しい報告である。後者は、医療福祉専門職の全国組織であり、他の災害支援活動の実績ある団体である。詳しくは、2 団体の報告に譲りたい。

（編集子）

特別報告　震災時の福祉実践記録

令和6年能登半島地震における災害支援活動の現況と課題

社会福祉法人金沢市社会福祉協議会　事務局長　**宮下吉広**・総務課長　**宮下直也**
担当次長兼金沢市自立生活サポートセンター所長　**辻村　渉**
金沢ボランティアセンター所長　**小鍛治康生**
金沢障害者就業・生活支援センター所長　**德田　朗**
金沢福祉用具情報プラザ所長　**上田浩貴**
石川県地域支え合いセンター金沢主任相談員　**松本千春**
金沢障害者就業・生活支援センター主査　**永岡和德**
地域福祉課長　**北脇宜和**・地域福祉課主事　**野口茉衣**

はじめに

　金沢市社会福祉協議会（以下、市社協）では、令和6年能登半島地震の発災後1月5日に災害対策本部を設置し、被災者及び被災地支援の体制を整備した。市社協の職員には能登の出身者も多く、実家への帰省中に被災した者も少なくない。また、金沢市内でも土砂崩れや液状化等による被害が発生している中、職員自身や親族等のケアにも心を配りつつ、金沢市内に避難された方々の支援方法についても検討を始めた。

　被災地の状況は刻々と変わるため、被災者が必要な支援は何なのかを常に意識しな

がら、金沢市や石川県社会福祉協議会（以下、県社協）と連携をとり支援を続けている。

　能登「半島」地震という地理的特徴から、能登半島を縦断する幹線道路が寸断されたこともあり、被災者の多くが故郷から遠く離れた金沢市以南へ避難を余儀なくされた。生活再建に向けて不安や悩みを抱える方々、慣れない土地で生活を送り、孤立感を抱えている方々等に寄り添い、共に道を照らす存在となれるよう日々模索している。以下の章で、市社協の具体的な取り組みを紹介させていただくが、この寄稿が、今般の能登半島地震の被災地復興や、今後の防災・減災活動、被災者・被災地支援の一助になれば幸いに思う。

金沢市社会福祉協議会における支援状況

支援活動の基盤である財源確保について触れる。能登半島地震における災害支援活動に要する費用には、毎年災害に備え予算計上している法人の自己財源に加え、赤い羽根共同募金の助成金や寄附金、石川県からの委託費などを活用し、確保した。財源の内訳と主な使途は次のとおりである。

財源	主な使途（災害支援活動）
赤い羽根共同募金 災害ボランティア・NPO活動 サポート募金 （ボラサポ・令和6年能登半島地震）	「あつまらんけ〜のと（集いの場、支援物資無料配布）」及び「のらんけ〜のと（被災者の移動支援）」、「あつまらんけNOTO支え合いの花プロジェクト（花壇づくり）」運営費
寄附金	
石川県委託費	「石川県地域支え合いセンター金沢」運営費
法人自己財源	被災地（輪島市、穴水町、羽咋市）災害ボランティアセンターへの職員派遣費

被災地で支援活動を行う団体を経済的に支えることを目的とした赤い羽根共同募金「災害ボランティア・NPO活動サポート募金」や県内外の個人・団体・企業の方々からの心温まるご寄附を活用させていただいたことにより、取り組みを継続することができている。

今後の課題としては、発災後の中長期にわたる災害支援活動を安定的に支える財源確保について、公的財源に加え、様々な資金確保の方法を平常時から検討し、備える必要があると改めて感じている。

次に、実際の支援状況を振り返る。

（1）特例貸付・生活困窮者自立支援事業

被害状況から、平成28年熊本地震における生活福祉資金特例貸付を参考に、今般の地震でも同様に特例貸付が実施される可能性があると想定し、金沢自立生活サポートセンターにおいて実施体制を検討した。

金沢市も災害救助法の適用となり、市内の被災者の把握や被災者支援全般に対応する必要があること、また実家が被災し、その対応が必要な職員もいたことから貸付対応に職員を増員配置することはできないと判断し、優先順位を確認し、特例貸付実施に向けた体制を整えていった。

県社協は1月22日から県内全域で特例貸付を実施した。金沢市内の避難所に設置された特設窓口は県社協で対応、市社協は事務局窓口での受付対応となった。

特例貸付は金沢自立生活サポートセンターにて対応し、生活困窮者自立支援事業も含めた支援体制を整えた。

市社協の窓口での受付状況は以下のとおり。

	1月	2月	3月	4月	5月
貸付件数	140	146	102	51	51
貸付額	18,200,000	20,050,000	14,550,000	8,000,000	7,000,000

6月	7月	8月	9月	10月	11月	合計
41	36	37	49	23	39	715
5,730,000	5,000,000	4,780,000	6,390,000	3,000,000	5,530,000	98,230,000

震災特例貸付をきっかけに、生活困窮者自立支援事業に繋がったケースもある。能登は農業や漁業、伝統工芸が盛んであり、海女や漆器職人等、専門性の高い職業に従事していた方も少なくない。これらの方は、ただハローワーク等に繋ぐだけでは十分な支援とは言えない。新たな道を模索するのか、仕事が再開するまでの期間をどのように乗り越えるのか、寄り添いながら伴走すること、また、被災自治体と連携した支援が必要だと感じている。

（2）金沢市ボランティアセンター
①ボランティア保険の受付
石川県災害ボランティア対策本部が募集した災害ボランティアに参加する市民をはじめ、金沢市内の広域避難所で活動するボランティアのボランティア活動保険の受付を行った。（延べ 7,020 名（令和 6 年 11 月末））

②避難所でのボランティアコーディネート
金沢市が設置する 6 か所の避難所で活動するボランティアのコーディネートを行った。
ア．個人ボランティア
1 月 16 日から 1 月 31 日までホームページでボランティアを募集し、登録、活動調整を行った。
・登録人数　631 人
・活動人数　延べ 490 人
・活動内容　避難所に来所した面会希望者の受付、声かけ、軽作業
イ．特技を活かしたボランティア
避難している方々の健康維持やリフレッシュが図れるよう、避難所へ派遣するボランティアの調整を行った。
・調整回数　193 回
・活動人数　延べ 638 人
・活動内容　サロン活動、整体、マッサージ、ヨガ体操、カフェ、生け花、傾聴、ヘアカット、リラクゼーション、ネイルケア、水引教室、マジック、紙芝居、学習支援、音楽活動など
ウ．炊き出しボランティア
ホームページで炊き出しボランティアの募集を行い、日時や場所、機材、メニューの調整を行った。
・調整回数　124 回
・活動人数　延べ 919 人
・メニュー　うどん、ちらし寿司、おでん、カレー、豚汁、ラテアートなど
能登での活動を希望する相談も多数あったが、提供できる情報が少なく、石川県災

害ボランティア対策本部を紹介するしかなかった。被災した市民から片づけや家財の搬出、引越し等のため、ボランティアを希望する相談が6件あった。金沢では、災害ボランティアセンターを立ち上げていなかったことから、職員で対応したケースはあったが、ほとんどは対応が難しくNPO法人や事業者を紹介するにとどまった。8月に開催した災害ボランティアネットワーク会議において、災害ボランティアに取り組む団体と協議し、今後同様の相談が入った場合には団体に呼びかけて協力者とのマッチングを行うことを確認した。

（3）被災市町社会福祉協議会への支援活動

　県社協では、被災市町の社会福祉協議会の活動を支援するため、石川県内および全国の社会福祉協議会に支援職員の派遣調整を行っている。市社協では、3市町（輪島市・羽咋市・穴水町）に令和6年1月16日より延べ170日、62名の職員を派遣している（令和6年11月末現在）。

　当初は被災地のニーズ把握や、地域住民宅を個別訪問して、生活支援ニーズのアセスメントをしていた。長く断水状態が続き、重い水を運ぶのが困難な方への支援物資の配布や、今後の生業などの不安等、直接住民の声を伺う中で孤立している住民がいないか等の安否活動も行った。話をする中で少し気分が晴れたと言う方もいて、孤独感を抱える方々の存在を実感した。4月以降は、輪島市社会福祉協議会への支援が中心となり、主に輪島市災害たすけあいセンター（災害ボランティアセンター）運営業務、個別訪問、災害たすけあいセンターの周知、ボランティアニーズの掘り起こしを行っている。遠慮してボランティアの依頼を躊躇されていた方、家財を片づける「気力がわかない」、地震時の怖さ等、人がいなくなり集落がなくなってしまう等、様々な思いを抱えた方々の声を聞いた。話をする中でボランティアの利用に繋がる方もおり、災害たすけあいセンターでの活動を通じて、SNSやインターネット、チラシ等での情報発信も重要だが、人を介して伝わる情報（つながり）の大切さを痛感した。

（4）あつまらんけ～のと！の開催
　※「あつまらんけ～」は能登の方言で、「あつまりませんか」の意味

　市社協では、金沢市内に広域避難している被災者の方々の集いの場、繋がりづくりの拠点として「あつまらんけ～のと！」を開催している。発災直後、市社協や市内の地域包括支援センターへ、全国各地より支援物資の寄付が寄せられた。能登への道は交通制限がかかっており、また、金沢市への広域避難者もどんどん増えていた状況から、金沢市内での支援物資の配布と相談対応、孤立防止の取り組みとして、この「あつまらんけ～のと！」の立ち上げに至った。

　会場の金沢福祉用具情報プラザは、金沢駅前という好立地で交通アクセスも良く、地下には多くの支援物資を保管できる。市内に避難をされている方々等を対象に、現在は毎週金・土曜日の午前10時から午後3時まで開催している。また、10月より順次、市内20か所ある地域包括支援センターのエリア毎に集いの場、交流の場を設

け、日常生活圏域内でのつながりづくりにも取り組んでいる。

[「あつまらんけ〜のと！」の3つの機能]

ア．カフェ

　飲物の無料提供を行い、おしゃべりや情報交換ができる集いの場。被災後、初めてこのカフェで出会う方々も多く、涙ながらにお互いの無事を確認し合う姿がとても印象的だった。

イ．相談窓口

　石川行政評価事務所や石川県、石川県社会福祉士会などが、各種制度や手続き、困りごとの相談に応じている。それぞれの機関でつなぎ合いながら対応している。

ウ．支援物資配布

　金沢市や企業・団体、個人などから寄せられた食料や日用品を無料配布している。ボランティアの協力のもと、「元気やったかいね」「この服、似合っとるね」など声掛けをしながら配布することで、被災者の方々が少しでもほっとできるよう心がけている。

　慣れない土地での生活に不安を感じる方も多い中で、「あそこへ行けば、知り合いに会えるし、相談にのってくれる人もいる。何か必要な情報も得られる」という安心感につながる場所になったと感じている。

　「あつまらんけ〜のと！」の運営には、社会福祉士会をはじめ様々な機関の協力が得られている。他機関（他機関に所属する個人）と連携をするにあたって、協力いただきたい内容について、思いやスタンスを丁寧に共有するよう心がけている。協力者は日により異なり、また活動する頻度も個人により異なっているため、全員が共通認識を持ち、日々の被災者支援に対応できる仕組みづくりが大切である。

　支援活動状況の共有（相談ケースの相談や共有、被災者支援に関する情報交換）を定期的なZOOM会議やLINEを活用して実施しているが、多くの協力者が通常業務を抱えながらの活動であるため、負担が掛かりすぎないよう配慮している。

　支援状況を共有することで、現在のフェーズにおいて被災者のニーズに合う活動ができ、さらには意見交換の中で、今後お互いが取り組むべきことを整理することができる。

　連携には、人間関係を円滑にする意識を持つことが土台になる。被災者支援に対する思い、考えについては意見が対立することもあるかもしれないが、その際には「被災者のために今、取り組むべきことは何なのか」という原点に立ち返り、被災者が今、求めていること、またお互いが継続的にできることを検討していくスタンスが大切であると感じている。

（5）被災者見守り・相談支援等事業

　市社協では、石川県から委託を受け、3月8日より「石川県地域支え合いセンター金沢」を開設し、被災者見守り・相談支援等事業を実施している。休日を設けず、土日を含めて活動できているのは、全国の都道府県社会福祉士会会員の協力のおかげである。会員の活動を応援し、ご理解くださる周りの方々にも心より感謝申し上げる。金沢市内の「みなし仮設（賃貸型応急）住宅・公営住宅等」に入居された方のお宅を訪問

し、生活状況の把握・支援機関へのつなぎ等を行っている。3月時点の対象世帯数は、700世帯ほどだったがピーク時には約2600世帯、11月末では約1,900世帯となっている。訪問では、生活上の困りごとなどをお聞きし、生活再建に向けて必要な情報の提供を行うほか、必要に応じて行政等の関係機関を紹介し適切に繋いでいる。

〔石川県地域支え合いセンター金沢の1日の活動〕

①オリエンテーション

活動の流れの共有、訪問世帯の確認

②訪問

2～3人ペアで訪問。支援物資のお渡し「新しい環境に慣れましたか」「日中の楽しみはなんですか」「不安なことはないですか」

③訪問記録作成、引継ぎ

継続支援が必要な世帯の有無など、活動の報告

〔被災者が抱える地域生活課題〕

・高齢単身世帯

奥能登から避難してきたが周りに知り合いもおらず寂しい。近所の人もどこに避難しているのかわからないので孤独を感じている。今は話し相手が一番ほしい。

・4世代家族

仕事ができず収入が半分になり、今後の経済面での見通しが見えないので不安が大きい。また、今までは能登の大きな家に住んでいたため、今の家は、8人で暮らすには狭くプライバシーがなく、ストレスを感じる。

・子育て世帯

みなし仮設での生活が始まり、落ち着けるかと思ったが、子どもが通う学校が小規模から大規模に変わったことや、生活環境の変化から、長女が不登校になった。長男もみなし仮設入居まで学校に通えていなかった期間の学習の遅れから、勉強についていくのに苦労しているようだ。

みなし仮設住宅等へ避難してきた方の多くは、住まいだけでなく、学校や勤務先等も変わり生活が一変している。また、これまで住民相互に支え合ってきた地域から、

土地勘がなく、顔見知りのいない地への広域避難となり、買い物等日常での様々な生活のしづらさを抱えている状況や、外出や交流の機会の減少による身体・認知機能の低下など元々抱えていた課題が深刻化・顕在化している状況も見えてきた。これまで円滑だった家族関係も、世帯構成の変化や今後の再建方針の相違等により、関係悪化する世帯もある。

その他、公費解体等が思うように進まず、先の見通しの立たなさなどから、漠然とした不安を抱える方や、「能登に残っている人の方が大変」と困りごとや不安を表に出さない方がおり、ニーズや課題が不明確な世帯も少なくない。

また、少しずつ生活再建の方向性が決まった方々、元の自治体へ戻る準備を進める方々が増えはじめた9月、奥能登豪雨が発生した。多くの方が、「ふり出しに戻った」と悩み、能登へ戻ることを諦める要因にもなる出来事だった。不安な気持ちや漠然としたモヤモヤを抱え、ふさぎ込み、孤立している方もおり、交流の機会を確保する必要性を実感している。併せて、地域生活課題を分析し、包括的相談支援体制を構築していくこと、既存サービスの拡充、地域資源の開発に取り組んでいくことが必要である。

結び

災害支援活動は、発災直後とその後の被災者支援に注目されるが、社会福祉協議会の取組みは、災害が発生する前から始まっている。災害時の安否確認や被災した住民への寄り添いは、平常時の地域における見守り・友愛訪問の延長線上にある。また、避難行動に支援を必要とする高齢者や障害のある方の個別避難計画作成や、地域の防災・減災に計画の段階から参加し地域の実情に応じたサポートも欠かせない。

市社協においては、事務局職員のなかに能登の出身者や能登とゆかりのある職員が多く、そのほとんどが被災した状況の中で通常業務をこなし、更に災害支援活動が加わっており、「見えない被災地」ともいえる。

このたびの地震災害による緊迫した状況のなかで業務を支える土台となったのは、平常時の地道な取組み、風通しの良い職場風土や、日頃から気心が知れた関係者とのネットワークにつきる。

そうした土台の上に、前述した各取組みを展開することで職員は新たな経験値を重ね、ネットワークの幅を広げることに繋がった。このことは、今後の市社協の各事業の推進や本市における防災・減災の大きな力に繋がるものと思う。

令和6年元日からの各取組みを検証し、どのような判断基準や考え方、方向性で今日に至っているのか、また有効に機能しえたのか言語化し可視化していくことが必要不可欠である。そのことは、活動を共にしてきた市民や全国の支援者への恩送りに繋がるとともに、今後の災害支援活動のあり方にも繋がるものと考えている。

1月の能登半島地震に加え、9月には奥能登豪雨が発生し、被災者のおかれる状況はより困難なものとなった。今後とも、一人ひとりに寄り添い、復興に向けて支援を行っていく。

特別報告　震災時の福祉実践記録

災害時における「常駐の医療ソーシャルワーカー」を中心とした支援活動の実際
——石巻支援から珠洲市支援へ——

日本医療大学　**笹岡眞弓**・文京学院大学　**平野裕司**
日本医療ソーシャルワーカー協会　**福井康江**

はじめに；災害における常駐医療ソーシャルワーカーの歴史；阪神・淡路大震災から石巻支援を経て珠洲市支援まで

　わが国の近現代における被災の歴史の中で、新たな災害支援制度の創設に結び付いたのは、阪神・淡路大震災以降である。1995年1月17日午未明に市街地で起きた大地震は、死者6,434名、行方不明者3名、負傷者43,792名（消防署調べ；2005年12月22日現在）という極めて深刻な被害をもたらした。高速道路が横倒しになった画像は、多くの市民に事の重大さを認識させた。この震災をきっかけにDMAT（Disaster Medical Assistance Team；「災害急性期に活動できる機動性を持ったトレーニングを受けた医療チーム」と定義されている）が2005年に発足した。

　常駐の医療ソーシャルワーカー（以下MSW）の活動も、この阪神・淡路大震災を契機として始まった。主に医療ソーシャルワーカーと研究分野も医療福祉学を専門

とする研究者で構成される日本医療社会福祉学会（現日本保健医療社会福祉学会）が、メディアでNGOの国際保健協力市民の会（SHARE；Service for the Health in Asian & African Regions）の募集に協力を申し出、六甲小学校で1月下旬からソーシャルワーク支援を開始したのである。

　1月から4月まで延べ222名のMSWが参加し、その時灘区福祉事務所の行政職から「高齢者と障害者向けの仮設住宅；大和仮設住宅」への支援を依頼され、1995年6月10日から活動を開始した。この活動は単発的な参加も含める形ではじめられたが、数日で交代するソーシャルワーカーのシフトでは現地のニーズに応えきれないことが確認された。そこでレギュラースタッフ（週に1度定期的に必ず参加できるMSW）、月に2、3日を2回参加できるMSW、月に2日は参加できるMSWを固定化して配備した。MSWが常駐することと、指示系統が統一されたことが、この事業が継続できた大きな要因だった。発災直後に支援に入る医療関係職種と、平時から協働関係に

ある MSW は共通用語が理解できることに加えて、社会資源の情報ネットを潤沢に持っていた。特筆するべきことは、土日祝日を通して行政からの支援が届かない期間のカバーを、ケアも含めて MSW が担ったことである。

報告書によると、1998 年 2 月現在で、延べ 1497 名の MSW が活動し、350 名の入居者への支援にあたった。2000 年 3 月末日、最後の一人の方の施設入所をもって、大和仮設住宅の 1 室にあったソーシャルワーカー室を閉じた。5 年間の活動の経験は、多くの MSW に影響を与えた。

2004 年の中越地震に際しては、ソーシャルワーカーもチームの中で活動したが、MSW として常駐のシステムを築いた記録はない。中長期的支援の必要性については、新潟県ホームページにある中越地震の報告書・生活支援の項に「『こころのケア対策会議』を設置し、地震による不安や精神的な課題を抱えた被災者の状況を把握した。このような被災者に対して、継続的かつ長期的に、専門家による心身へのケアや健康づくりのサポートが必要であった。」との指摘にとどまった。中越地震支援にはMSW の全国組織は関与せず、限定的な取り組みだったが、中長期的な支援の重要性を再度確認できたことは重要だった。

1．応急期からの継続的支援の重要性

1）東日本大震災時における石巻支援；「常駐 MSW」の配置

中越地震から 7 年後の 2011 年 3 月 11 日、未曽有の大地震と言われる東日本大震災が日本を襲った。午後 2 時 46 分、わが国観測史上最大となるマグニチュード 9.0 の大地震は、死者 19,747 人、行方不明者 2,556 人、住家被害；建物の全壊半壊一部損壊が合わせて 1,154,893 棟に加えて、福島第一原子力発電の事故によって、避難命令、避難指示が矢継ぎ早に出され、収束の見通しの立たない被害がもたらされている。いまだに現在進行形のこの事態への対策には、復興庁をはじめとして甚大な努力が必要とされた。マスコミを通して映し出される光景は、全国民、世界の多くの国々の支援を導かざるをえないほど、未曽有のものだった。保健医療福祉団体の多くが自治体の要請を待つまでもなく、活動を開始した。日本医療社会事業協会（当時）も支援の申請を受けてくれた石巻市に拠点を置き、常駐の MSW 1 名を、協会職員として配置し 2011 年 4 月 1 日から活動を開始した。

2011 年 3 月 15 日に日本医療社会事業協会として対策本部会議を立ち上げたとき、阪神・淡路大震災を経験した MSW を中心とした執行部は、本部機能の充実と現地に責任者を置くことを重視した。

2024 年 3 月末日に事務所を閉じるまでに約 1500 ケースのいわゆる「困難ケース」を担当し、2011 年 9 月末日までの福祉避難所支援に延べ 700 人、2011 年度約 1,400 名、2012 年度 1,360 名、2013 年度約 500 名の MSW が活動した。常駐ソーシャルワーカーは 2011 年度中 1 名だったが、2012 年度からは 3 名体制とし、2016 年から 5 名体制の予算を組むことできた。常に人員の不足があり、5 名揃って活動でき

たのは初期の1年だのみだったが、複数名のMSWが常駐し、現地責任者が13年間で6名。責任者は平均して3年以上、現地に住まいして支援にあたった。石巻におけるソーシャルワーク活動は、行政支援から始まり、市からの委託事業として終始した。

「包括的な相談体制システム」を構築するためには、責任者と指示命令系統の統一性が不可欠である。災害医療ではCSCATTTが重要と言われる。C（Command & Control）、Safety, Communication, Assessment, Triage, Transport, Treatment, の一番に出てくるのが指揮命令であるように、責任の所在が明確であり、なおかつ指示系統が1本であることが何よりも優先して大事だということである。ソーシャルワークでもこのシステムの構築が不可欠であることを、経験知として認識していた。

責任者が1週間交代で「変わる」ことは、行政からも他の支援団体からも信頼されない。責任者が常駐することの意義はまずここにある。専門職であっても初めて避難所に入る時には戸惑いのあるなかで支援を行う。避難住民に対してもそのことは伝わるうえに、申し送りでは記録のアセスメントの状況を十分理解されないことが重なる。経緯を把握した常駐のMSWがいることで、上述の事態は避けられる。DWATの活動と並行して、医療チームであるDMATとの連携に慣れているMSWが存在する意義は、中長期的支援の基盤を構築する上でも大きい。

MSWだけではなかったが、福島県の避難者への支援でも、常駐ソーシャルワーカーは機能した。福島県川内村の村民の避難所であった「ビッグパレットふくしま」では、相談支援チーム6団体の専門職の活動として2011年度延べ約1,400名の支援を経て、仮設住宅内に「ソーシャルワーカー室」を立ち上げ、2016年まで活動している。この支援活動は、福島県の医療ソーシャルワーカー協会、社会福祉士会、精神保健福祉士会、郡山市社会福祉協議会の共同運営によって成立していた。野口（2016）は、相談件数の総計は546件と報告している。その論考では、論点の一つに、仮設住宅、復興公営住宅という居住空間での日常生活のなかでいかに併走するしくみを作り出していくかということであり、その仕組みをどう機能させていくかということである」と述べている[1]。併走するしくみにこの「ソーシャルワーカー室」に常駐するソーシャルワーカーがいることの重要性を改めて強調したい。常駐MSWを中心とした、石巻支援の概要については、次章で詳述する。

2）常総水害と熊本地震；中期的に常駐MSWを配置した例

石巻支援活動を継続中におきた、2015年9月7日台風18号による茨城県常総市における大規模洪水災害では、石巻支援経験を活かして常駐のソーシャルワーカーによる支援が展開された。全国組織である日本医療社会福祉協会（当時）と茨城県医療ソーシャルワーカー協会の理事を兼務していた理事を中心に、活動は開始された。彼は石巻支援にも関わっており、当初は協会員がバトンタッチしながら日替わりで入っていた状況を見て、「避難所の状況に

も慣れないまま次の MSW にバトンタッチとなってしまいます。初めて避難所に入る MSW は戸惑いのなか支援を行いますので、避難住民に対してもそれが伝わりますし、申し送りをしたとしてもケース記録のアセスメントの状況が分かりません。

また、新たな MSW が改めて情報を取りますので、被災者も同じことを聞かれ疲弊する状況がありました。これは他職種も同様でした。」と述べた。

この事態を打破するために、彼は当時自宅会員だった MSW 2 名に声をかけ、市役所と交渉し、給与を出してもらうことに成功した。その結果この 2 名の生活も守りながら常駐することができたのである。常駐 MSW には、当理事と茨城県の MSW 協会の災害対策副委員長が担当し、心理的なサポートと支援内容の確認等を行った。常駐 MSW が支援を開始した結果、多職種からも情報が常駐者である MSW に集まり、結果的にハブ的な役割が果たせた。

常総水害では、避難所で災害急性期から避難所閉所まで通して支援を行っていたのは MSW だけであり、避難住民の「生活とこころを支える」ための活動並びに、地域に繋ぐ役割を果たすことができた。避難所閉鎖後も地域支援に協力してほしいとの要請があったが、地域包括支援センターや市役所の組織がこの時点で整っていたと茨城県医療ソーシャルワーカー協会は判断し、支援内容を地域に移行することを決め、ケース記録などはすべて市役所に渡し支援を終了した。

熊本地震は、前震が 2016 年 4 月 14 日、本震が 2 日後の 4 月 16 日であり、熊本城の崩落に多くの国民が戦慄した。人的被害は死者 273 人、重軽傷者 2,720 人であるが死者の 80％以上の 218 人が「災害関連死」という事態は、被災後のサポート体制がいかに重要であるかを提示した。日本医療社会福祉協会（当時）は、熊本県益城町と 9 月 1 日から半年間、常勤 MSW を配置した。局地的な被災であったことと、復旧が順調に進行したことで、全国組織による支援活動は 2017 年 3 月末日に終了した。

阪神淡路大震災からはじまる震災時における MSW の支援は、日本医療社会福祉学会（当時）理事と、社団法人日本医療社会事業協会（現公益社団法人日本医療ソーシャルワーカー協会）の執行部を偶々ではあるが兼ねていたこともあり、上述の機能を踏まえる形で、2011 年 4 月 1 日より宮城県石巻市に支援に入った。この活動は最終的に石巻市から委託契約を受け 2024 年 3 月末日まで 13 年にわたって活動を継続した。

はじめにでふれたように、常駐の MSW を配置する方式を取り入れた事業は、2024 年 1 月 1 日に起きた能登半島地震を含めて 5 事業になる。

次節では石巻支援を中心に、MSW 支援の概要について説明する。

2．災害時におけるソーシャルワーク実践のあり方と常駐 MSW による支援の必要性と重要性
——東日本大震災被災地宮城県石巻市における 1047 件の支援ケースの分析から——

筆者らは、2011 年 4 月より東日本大

震災の被災地宮城県石巻市にて支援活動を行ってきた。遊楽館での支援終了後の2011年10月から2021年3月までの支援ケースは1047件であった（氏名・年齢等不明のケースを除く）。本稿は1047件の支援ケースから災害時におけるソーシャルワーク実践のあり方と常駐のソーシャルワーカーによる支援と必要性・重要性について述べる。日本医療ソーシャルワーカー協会の経験をもとに論じるので、以下常駐のソーシャルワーカーを常駐MSWと表記する。

東日本大震災の被災者の生活再建の歩みは長い年月を必要とする。そうした年月・時間的経過（ステージ：緊急期・応急期・復旧期・復興期）のなかで被災者は生活課題を抱え、中長期的なソーシャルワーク実践を必要とする。ソーシャルワーク実践を展開する上ではアセスメントが重要となる。ソーシャルワーカーは支援を展開する上で、被災者個人や家族がどのような生活課題を抱えているのか、生活課題がどこに起因しているのかを明らかにするためアセスメントを行う。特に災害という突如の出来事に被災者は混乱している。また、多くの人々が同時期に同様の生活課題を抱え支援を必要とする場合もある。したがって、被災者がどのステージにどのような生活課題を抱えやすく、どのような支援が求められるのか体系化されれば、災害被災者の生活再建支援における混乱を最小限にすることも可能となる。また、生活再建の段階毎に求められる生活課題が変容することを念頭においたソーシャルワークの展開が求め

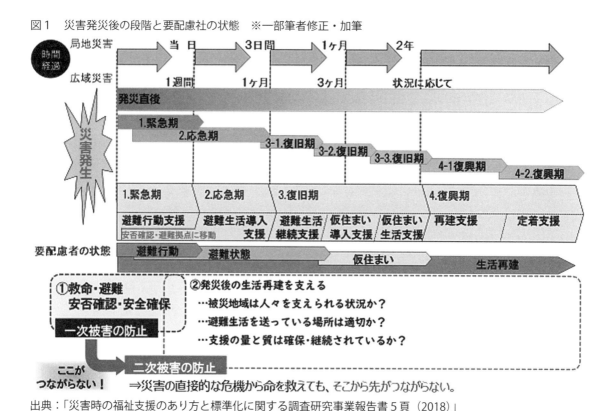

図1　災害発災後の段階と要配慮社の状態　※一部筆者修正・加筆

出典：「災害時の福祉支援のあり方と標準化に関する調査研究事業報告書5頁（2018）」

られる。以下ステージごとのソーシャルワークについて説明する。

1）緊急期

発災直後の緊急期は被害から命を守るための行動が重要となる。被災者の状況に関わらず避難行動にはじまり、救命救助、安否確認、避難所運営が様々な人（支援者に限らず）により行われる。また、発災直後から自衛隊、消防、警察の他、医療を主体とした災害派遣医療チーム（DMAT）や日本赤十字社、国立病院機構、災害派遣精神医療チーム（DPAT）等の支援チームによる活動が展開される。ソーシャルワーカーは、災害派遣医療チーム（DMAT）や災害派遣精神医療チーム（DPAT）の一員として被災地に入り支援活動を行う。これらの支援チームの活動の特徴は被災地の支援者と協働で行われることである。被災地の支援者は自身も被災しながら支援活動を展開し続ける。その支援者に外部から入る支援者は伴走し被災地の支援者をサポートし続けることが必要とされる。緊急期から常駐のMSWが支援に参加することで、情報の漏れが防げ、中長期を視野に置いた支援が展開できる。

2）応急期

次に応急期である。応急期は発災後48時間から1・2か月程度を想定している。

図2 「災害時における被災住民の分類」

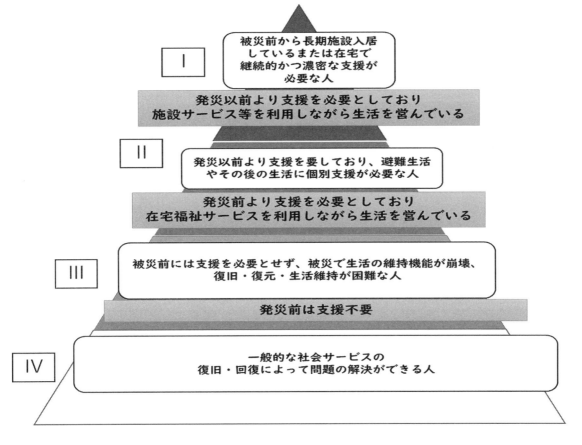

この時期になると避難生活課題導入支援が求められる。とりわけ、高齢者や障害者、子ども、妊産婦等の災害時要援護者に対する支援が重要となる。筆者らは災害時における被災住民を図2のように整理した。

Ⅰ・Ⅱ層は被災前より支援を必要としており、施設や在宅での福祉サービスを利用しながら生活を営んでいる人である。Ⅲ・Ⅳ層は、被災以前は支援が不要であった人である。

とりわけ、応急期の初期の段階では、Ⅰ・Ⅱ層該当者への支援が必要とされる。場合によっては被災地外への広域避難を実施し、1次被害を免れた人の2次被害を防止する必要がある。

また、家族や愛する人の突如の死や長年かけ築き上げてきた住居の喪失等重複する喪失を経験した人へのこころのケアやグリーフケアが必要となる。災害による喪失は年齢関係なく被災者を襲う。そして、喪失に伴う悲嘆感情は人それぞれである。被災者にとって、外部から入ってくる支援者は馴染みのない言葉を話す人でもある。そのため、ソーシャルワークの基本となる信頼関係の構築がなお難しくなる。こころのケアやグリーフケアを行う場合、被災者の現状とその地域が抱える被災前からの風土や文化を十二分に理解することに徹して、継続的な支援を行えるように常駐MSWを配置して支援を展開する必要がある。

3）復旧期

復旧期（仮設住宅への入居が開始となる時期）になると罹災・被災証明や生活再建支援金、災害義援金、がれき処理証明書、通帳・年金手帳などの再発行手続きに課題を抱える人が急激に増える。また、潜在的に抱えていた生活課題が顕在化する場合もあった。ここでは潜在化していた生活課題がどのような要因により顕在化し、支援が必要となったのか事例1をもとに説明する。事例は、『東日本大震災被災者への10年間のソーシャルワーク支援』227p～229pに掲載した事例をもとに、再度論考したものである。

事例1　【住居・仕事・支援者・仲間を一瞬に亡くし、お酒が友だちになったAさん】

Aさん：50後半・男性・単身若中年世帯

・支援機関：2013年×月～2017年×月

・支援依頼：高額の金銭管理が難しいために何らかのサービス利用につなげられないかと団地会長が生活支援員に相談し、生活支援員が多職種連携会議にて情報を提供した。当協会常駐MSWと行政の保健師（以下、保健師と記す）が支援を開始する。

・支援経過：Aさんと約束していた時間にMSWと保健師がAさん宅を訪問するが、Aさんは不在だったので、MSWがAさんに電話をすると集会所にいるという。Aさんの家でこれまでの話を聞く。

Aさんは一人っ子で父を早くに亡くし、中学卒業とともに漁業の仕事を手伝った。母も15年前に亡くなり、親族との付き合いもなく、その頃から親方の家に泊まり込み牡蠣の養殖を行っていた。が、親方が震災で亡くなり、仮設入居後は仕事がなく、生活保護の申請をした。

Ａさんは金銭管理を自分ではできないので、仮設で偶然出会った、親方知人Ｂさんに金銭管理を頼んでいるという。

　Ａさんは以上の話をするがまとまりのある話ではなく、話の内容も変わっていくなど物事を理解し判断する力は弱い、とMSWは感じた。

　Ｂさんは仮設の相談員にＡさんの金銭管理が負担になっていると訴えたため、MSWは保健師とＢさん、相談員を交えて話し合いをした。

　MSWは金銭管理を担当する支援機関が、療育手帳がないと支援は難しいことがわかっていたので、Ａさんに療育手帳の取得について話をするが、Ａさんはその気持ちはなかった。それから間もなく、団地会長からＡさんが昼夜関係なく飲酒し、大声を出していると住民から苦情が出ていると連絡がMSWに入ったので、MSWはＡさんに会いに行く。Ａさんは「やることがない、（震災前は）やれる仕事がいくらでもあった、一緒に呑んで騒ぐ友達もいた、楽しいことがない」という。昼間からの飲酒が続くため、保健師とMSWはＡさんに精神科の受診を勧めＡさんは納得し精神科治療につながる。

　その頃始まった復興住宅の申し込みについては、海からは離れている場所を選択し、登録を行った。

・ソーシャルワーク実践：震災によりＡさんのソーシャルサポートネットワークは一瞬にしてなくなり、Ａさんはそれまでの生まれ育った地域のなかでは特に困らなかった生活課題が表面化し、仮設での日常生活を営むことが困難となった事例

である。両親が亡くなった後、親方の家に同居しそこで仕事もしていた。食事も提供され経済的には親方が生活費など管理し、おそらく親方の妻が日常生活をサポートしていたと思われる。

　Ａさんは知的には多少低かったようだが、震災前の仕事では何も困ることはなく、親方の家で仕事をこなし、休日には遊びにも行き、Ａさんなりの生活ができていた。

　生活環境が激変し、仮設での単身独居生活を送るなかでＡさんは、生活保護費をATMから降ろすことができず、知人のＢさんに頼んでいた。そのＢさんが責任が重すぎるからその役を降りたいと、生活支援相談員やMSWに願い出る。それをきき、MSWは若年（50台後半）で多少理解力の低い人へのサービスを探すが、療育手帳を取得する方法しか当時はなかった。しかし、成人したのちに療育手帳を取得するのは難しい。さらにＡさんは手帳を取得したくないという。障害者手帳はあくまでも本人の意思が尊重されるべきであり、Ａさんのように人生の半分以上を手帳がなくても困らず生活できた人にとって手帳のメリットは理解できなかっただろう。当時Ａさんが使える社会資源は何もなかった。唯一生活保護のケースワーカーとつながっていたことだけである。その当時ケースワーカーの多忙さから、Ａさんのお金の管理を頼むことは誰も考えなかった。MSWは善意でＡさんのお金の管理をしているＢさんの相談に乗り、Ｂさんのサポートをし、Ｂさんがひとりで悩まなくてよいように、時には団地会長の意見を聴きながら地域でＡさんの支援を展開した。震災前Ａさん普通に仕

事をし、食べるものにも困らず、充実した生活ができていたのは親方を中心とした地域のソーシャルサポートネットワークが充実していたからである。厚生労働省の制度として職親制度があるがおそらく半島で代々漁業を営んできた人は「職親制度」等考えてもいなかっただろう。親方の多くが、一般社会では仕事をこなすのが難しい、理解力が多少低い人を雇って彼らの一生を世話した人々が少なくなったのではないか。そのような懐の深い漁業の親方の力は、筆者らがとらえているソーシャルサポートネットワークよりもさらに厚みがあったように感じる。

　MSWは昼間からの飲酒を改善するべく保健師と連携し、Aさんを精神科のクリニックに受診につなげた。一人での生活が困難になっていたAさんは一時的にグループホームに入所した。元来Aさんは人懐っこいところがあり、グループホームでも役割をこなし、教えられたことはこなした。

　事例1は震災により住居・仕事・仲間等を喪失し、生活課題を抱えた男性の事例である。この事例は4年間にわたって支援が行われている。被災者は度々生活環境の変化を余儀なくされる。そうした際に支援者も変更になることにより信頼関係が築けずに生活課題が見過ごされ、悪化する場合もある。当協会は市から委託を受けていたが、被災者支援事業であったことから高齢者・障害者等の支援対象者の縛りや担当エリアの縛りはなかった。そのため、常駐MSWによる中長期的なソーシャルワーク実践を展開できたのである。

4）復興期

　復興期は多くの人々が恒久住宅である、復興住宅に入居したり、高台に移転し住宅を再建する。被災者は被災前とは異なる新たな地域で生活を営むこととなる。とりわけ、医療機関の被災及び公共交通機関の被災後の変化より通院が困難になり、疾病が悪化していることが多いことが常駐MSWによる支援記録から明らかになった。また、精神疾患を抱える人は医師や精神保健福祉士等の支援者の相性もあり、通いなれた医療機関以外のところに行き悪化したケースも散見された。ソーシャルワーカーは転居等に伴う生活の変化をアセスメントし、生活課題を明らかにするとともに、必要な支援が滞っている場合は支援を受け続けられるように支援調整を行っていた。

　また、中には「不適正入居世帯」や「潜在未定世帯」と呼ばれる世帯がおり、その人々への個別支援が求められた。不適正入居世帯とは、仮設住宅で同居していた家族の一部のみが新たな住居に転居しており、仮設住宅に残って暮らしている人がいる世帯や仮設住宅内に荷物を置いた状態の世帯、鍵の返却をしていない世帯のことをいう。潜在未定世帯とは、復興住宅等への入居の意向があるが、転居に向けての入居申し込み手続きを進めていない世帯のことをいう。当協会及び関係機関は石巻市より委託を受け、潜在未定世帯である約150世帯を対象に訪問調査を行った。訪問調査を行う中で、生活再建が進まない理由も明らかになった。とりわけ、復興住宅に入居するのか、民間賃貸住宅に入居するのか、自宅再建をするのかといった再建方法の迷い

を抱えている人が多かった。さらには、家族関係や意思決定能力、経済面、健康面等に課題のある人も多く、MSWによる定期訪問及び同行支援が実施された。上記の人々の支援記録を分析すると震災以前支援を受けていないⅢ層該当者の世帯であった。そのため、支援から漏れてしまっていた。しかし、世帯員それぞれに支援が必要な状態であり、多問題世帯であった。そのため、当協会ソーシャルワーカーは支援者間で情報共有し、介護保険等の制度に基づく支援の調整を緊急的に実施していた。また、復興住宅等で生活を営み続けるために近隣住民との顔つなぎをするとともに、共にサロン活動等に参加し、新たな生活環境での人間関係等（ソーシャルサポートネットワーク）構築のための支援を社会福祉協議会やNPO等と連携しながら行っていた。このような支援も常駐MSWだったからできたことである。

考察

　東日本大震災被災地宮城県石巻市における当協会の支援ケース1047件の分析をもとに、災害時におけるソーシャルワーク実践のあり方と常駐MSWによる支援の必要性と重要性について述べてきた。被災者は災害時要援護者及びそれ以外の人の2分類にすることはできない。筆者らが示すように図2の災害時における被災住民の分類を用いスクリーニング・アセスメントを実施し、ソーシャルワーク実践を展開する必要がある。また、自らの力で生活再建に取り組むことができる被災者とそうした思いになれない被災者がいる。その要因は被災以前より抱える生活課題（疾病や精神疾患等）である場合もあるし、被災に伴う突如の喪失による場合もある。つまり、図2に基づき考えると前者がⅠ・Ⅱ層であり、後者がⅢ層となる。とりわけ、Ⅲ層は支援や支援者とつながりがなく、中には自身が生活課題を抱えていることを認識していない人や生活課題を抱えていても支援を求めることができない人がいる。したがって、ソーシャルワーカーはアウトリーチ型の支援を展開する必要がある。さらには、上記のような状況の人は再度生活課題を抱える可能性がある。その際、制度に基づき支援の対象者だけはない。そのことを理解したうえでのソーシャルワーク実践が必要となる。当協会はそのような人支援を担当することが多くあった。それは常駐MSWがいたからできたことである。

　以上のような常駐MSWによる取り組みについては、報告書として残っている阪神・淡路大震災時のものと、筆者らの実践をはじめとして、わずかなものしかない状況である。また、石川県珠洲市での支援活動は現在も継続中である。したがって、今後も継続しながら常駐MSWの必要性と重要性について継続研究する必要がある。

　次節では、現在珠洲市で行っている支援の概要について論じる。

3．珠洲市におけるソーシャルワーク活動

　筆者は2017年度から日本医療社会福祉協会（当時）と職員契約を結び、石巻市の協会事務所に常駐MSWとして着任し、2024年3月末日まで石巻支援を現地責任

者としてソーシャルワーク活動を遂行した。終了間近の2024年元日に起きた能登半島地震に、協会として支援活動を行うことになったことを受け、続けて2024年4月1日から常駐MSWとして、珠洲市支援の日本医療ソーシャルワーカー協会現地責任者、常駐MSWとして着任している。

　「なぜ被災地に赴くのか」については、今次のように考えている。

　被災地支援に赴き、被災地の方々から様々な話を伺い被害の大きさや惨さを聞く中で、"自分にできることがあるのだろうか"と愕然とすることがある。その気持ちを抱えると、再び被災地に行くことを躊躇することにもなりかねないが、東日本の被災地に初めて支援に入った時に、現地の支援者から「震災でたくさんの人が亡くなった。これ以上、住民を亡くすわけにはいかない。」との声を聞き、「これなら私にも何かできることがあるかもしれない。」と、東北の被災地支援に入ることを決断した。この度の能登の震災時では、同じように現地の支援者から「ここに帰りたいという方々を、一日でも早く受け入れたい。生まれ育ったこの地で最期まで生活して欲しい。」との声を聞いたことが、能登に支援に入ることを決断する大きな原動力になった。命や生きることに向けられた声や想いが、医療ソーシャルワーカーとしての自分と矛盾なくつながったことは、とてもありがたく思っている。また、何れの災害も甚大であり、復興への時間が長期になるであろうことを肌で感じたことから、外部支援者である者が被災地を自身の生活の場とし、現地に身を置きながら支援を実践する

ところからしか得られない、非常に重要な"何か"があるのではないかと、なぜか根拠のない確信を持っていた。しかしおそらくこれは、支援対象（者）〔クライエント〕そのものを感じ取る、受け止めるとするソーシャルワークの根底にあるものとつながっていたのかもしれない。

1）石巻での生活再建支援を踏まえて

　被災地での支援活動の特徴的な支援として、ここでは復興期の"生活再建支援"を挙げる。
支援内容をまとめると、
①復興住宅への入居手続き支援
　（入居説明会へ参加、引っ越し業者との調整・立ち合い、ライフラインの手配等）
②自立困難世帯への支援
　（福祉・介護サービスや支援者へ繋ぐ、住まい探し、就労支援、ささえあいセンター訪問支援員、地域住民とつなぐ）
③エリアミーティング・多職種連携会議への参加
　（関係機関との連携。インフォーマルな関係作り。主に社会福祉協議会・CSC＊との協働と連携）
　　＊CSC：地域福祉・生活支援コーディネーター
④独居男性グループの運営
　（孤立防止、セルフヘルプの関係性づくり）

　復興期に入り恒久的な住まいへの支援を進める中で、コミュニティの理解を深め暮らしの中でのつながりを維持継続する支援が非常に重要であった。そうした支援活動において、社協のCSCとの連携や協働体制を取ることは必要不可欠であった。

また、ソーシャルワーカーのありようをまとめると、「なんとか生活できるための支援」から、「その人らしい生活を維持・継続するための支援」へ変わっていった。そして、支援の対象とする方は、介護や障害者の認定をまだ受けていない、生活が困窮しているが経済的な保障を受けられていない、治療が必要な状況下にあるが受診すること自体に問題があり医療とつながっていない、ひきこもりの生活となっており様々なサービスの情報も得られていないなど、既存の保健福祉介護等のサービスの対象にまだなっていない方が中心であった。そうした方々を支援するには、既存のサービスにはない、生活再建を土台にした幅広い生活課題に対する具体的な支援を請け負うことが必要であった。

被災地において、常駐 MSW として活動するには、「個」の重視と協働・伴走型の支援であること、そしてその対象者が居る同じ地域生活の場の中で、今ここで、共にいるという姿勢が基盤となった。

2）珠洲市の現状と課題

2024 年 4 月より、石川県珠洲市と（公社）日本医療ソーシャルワーカーが委託契約を結び本格的な支援活動が開始された。この度の能登半島震災後の課題では、

①人口減少、流失
②廃業、閉店の増加（店舗、事業所、医療機関、福祉施設、寺院等）
③移動問題（自家用車、道路の被害、バス・タクシー運転手等の人員不足、通院、買い物に行けない等）
④ライフラインの回復の遅れ（水管、浄化槽の修繕問題、業者確保の問題）
⑤広域・世帯分離避難世帯への支援（家族機能の分断、情報提供、連絡調整の難しさ等）
⑥生活再建方法の見通しがたたない（解体が進まない、復興公営住宅の建設の困難さ、独居高齢者への対応、水害による二重被災など）

などが生じている。特に「広域・分離避難」については、この度の震災の特徴的な課題と感じている。一緒に生活していた家族が、震災を切っ掛けに違う土地で別々に生活しなければならない現状が生じており、再び一緒に生活できる家族は少ないのではないか、介護度が上がった高齢者などがどのようにして帰宅できるのかなど課題は複雑化しつつある。東日本大震では、福島県から県外に避難した方々の多くがまだ帰還していない現状があり、そこから学ぶことも必要であると思っている。また、今後の大きな問題となるのは、東日本大震災と同様に「生活再建」に関して、である。解決の糸口としては、今までの災害から得られる復興支援のありようや生活再建支援に生かされた多職種による複合的な支援と、新しい街づくりやコミュニティ作りを含めた“創造的復興”を目指すことではないだろうか。

3）珠洲市での支援活動

被災者支援事業として、4 月から 6 月の間は珠洲市福祉課に滞在し、すでに行われていた「被災高齢者等把握事業」を引き継ぎ要フォロー世帯へ訪問活動を行い、7 月より委託事業である「被災者見守り・相談

支援等事業」を、同じく事業委託した珠洲市社会福祉協議会ささえ愛センターに滞在しながら、協働体制を取りながら活動を行っている。活動内容としては、

①在宅被災者世帯の訪問により生活状況の確認
  ⇒被災者支援手続き支援　担当課への同行支援
  ⇒担当課へライフラインの現状等報告し対応の検討
  ⇒罹災判定再調査、公費解体申請等の手続き支援
  ⇒必要な支援の確保（福祉、介護サービスへつなぐ、情報提供）
  ⇒必要な治療を継続して受けられるための支援（移送も含めた受診同行等）
②仮設住宅入居説明会の参加
③仮設住宅入居後訪問（生活状況の確認、見守り）
④1.5次避難所との連絡調整（9月末で終了）
⑤各種会議・サロンへの参加（エリアミーティング、ケース検討会、住民交流会等）
である。

アウトリーチ型の支援になっているのは東日本大震災時の支援と同様であり、訪問しながら生活課題を見つけ、その課題を整理し解消につなげることになるが、生じている問題は、やはり今まで潜在化されていた問題であることも多く、支援者が予測していなかった問題や初めて経験する問題もあり、多職種で話し合いの場を設け協働しながら支援を継続することが何よりも重要であることを強調したい。

4）今後に向けて

日頃できていないことは、災害時でもできないとはよく言われる言葉であるが、日頃しておくべきこととして、自身も含め心身両面のセルフケアや避難行動にもつながる地域とのつながりの構築については能登半島の震災から改めて実感した。併せて、災害と同時にライフライン等ももちろんであるが、当たり前と思っていたつながりが切れたり、失われたことから社会問題・生活課題が発生すること、そして災害は「平等」に起きるが、被害は必ずしも平等ではなくそこにソーシャルワーカーの支援が必要となるということを強調したい。

また、災害時には通常の福祉制度・サービスでは補えない支援が必要となり、支援者にこそ既成概念にとらわれないちょっとした工夫や応用力、創造力が求められる。

最後に、被災者の目の前にいるソーシャルワーカーの存在が重要なのは自明であるが、ソーシャルワーカー同士の横の"つながり"がとても重要であり、支えになることを深く実感した。この"つながり"には、家族と離れて生活していることや見知らぬ土地にいる不安や心細さなども含めた被災者の存在をどう理解するのか、被災するということをどのように理解するのか、想像力をもって思いを馳せる力が基盤にあることを信じている。

まとめ

災害時のソーシャルワークの重要性について、本論では常駐MSWに着目して論じた。今までMSWを被災地に継続して配置

し、全国からの協力 MSW を動員し、中長期的な支援を継続することの重要性に触れた文献はほとんどなく、つまり多くの社会福祉関係者には「知られていない」ことを今痛感している。この事実から導かれる協働体制の弱さはひとえに筆者らの努力不足に起因しているが、災害時におけるソーシャルワークがいかに必要不可欠であるか、今後も考察を深めていくことで課題を克服したいと考えている。

珠洲市では 3 月 6 日から石巻市での活動経験のある MSW が 31 日まで DMAT をはじめとする保健医療福祉関係団体と連携しながら、4 月 1 日からの常駐 MSW の着任をまった。

石巻市の経験をいかし、珠洲市から日本医療ソーシャルワーカー協会が委託を受け、常駐 MSW 1 名と 0.5 人分として、石川県医療ソーシャルワーカー協会及び全国の MSW の参集を得て、MSW の支援を展開している。

1 名の常駐 MSW だけでは支援は行き届かない。全国組織として、職能集団として中長期にわたる支援を構築するためには、制度的な裏付けが必要であり大きな課題である。日本医療ソーシャルワーカー協会は、金沢の 1.5 次避難所でも 1 月 22 日から支援活動を開始している。9 月 28 日の 1.5 次避難所閉所の最後まで MSW は支援を続けた。石川県医療ソーシャルワーカー協会所属の 2 名の常駐 MSW と、全国から実人数 243 名、延べ 2509 名（暫定値）の MSW が参集した。この支援内容については、現在取りまとめ中である。

外部支援が「居座る」ことで、現地の支援体制の進行が妨げられるという非難があることは認識している。中長期的支援になかで、いつまで何をゴールとして支援を継続、あるいは終結するのか。この判断は関係する団体の中で慎重に議論するべき課題である。地域の力を正確にアセスメントした上で撤退の時期を決めることこそが重要であり、災害の規模も含めて撤退の時期に関して、一律に判断することの困難性は指摘しておきたい。

現在、日本医療ソーシャルワーカー協会では、会員のためのガイドラインを再考し、案を 2025 年度に提示する予定である。

注

1）野口典子（2016）「災害ソーシャルワーク再考—3.11 から 5 年、福島県相談支援チームの活動実践より—」中京大学現代社会学部紀要、第 10 巻、第 1 号、189—210）

参考文献

1）日本医療社会福祉学会（1998）『地域型仮設住宅における医療ソーシャルワーカーの記録』
2）日本医療社会福祉学会（2012）『災害ソーシャルワークの確立 I』
3）公益社団法人日本医療社会福祉協会（2012、2013、2015、2017）『東日本大震災医療ソーシャルワーカーの支援のバトン I、II、III、IV』
4）日本医療ソーシャルワーカー協会（2024）『東日本大震災被災者への 10 年間のソーシャルワーク支援—公益社団法人日本医療ソーシャルワーカー協会の相談支援 1047 ケースの実践報告』

書評

『命あるがままに──医療的ケアの必要な子どもと家族の物語』
野辺明子・前田浩利編著
田村正徳監修
（中央法規出版、2020年刊）

あなたにとって「生きること」とはどのようなことか考えたことがあるだろうか。恐らく、この「問い」に対して一人ひとり異なった「答え」が導き出されるであろう。

そんな「生きること」を考える一つのきっかけとして、本書の6人の医療的ケアの必要な子どもたちと家族の物語がある。

本書では、それぞれの子どもたちとその家族の写真から始まる。そのどれもが子どもたちと家族の人たちが笑顔で溢れている写真であった。また各章の中でもそれぞれの子どもたちや家族の写真が載せられている。そんな写真の背景には、子どもたちが生まれる前から生まれた後、現在までの子どもたちの思い、家族の思い、また携わってきた周囲の人たちの思いがあった。

動ける医療的ケア児として居場所を拡げている千幸ちゃん、2歳11か月を力いっぱい輝かせてくれた希ちゃん、日々成長をみせ、少しずつ丈夫になっていく誠くん、食べることが大好きな、瞳の動きで意思を伝える惇志くん、家族とともに生きた和正さん、「自分のことは自分で」自己決定しながら地域で暮らす智道さん。6人それぞれが生きていくために医療的ケアを必要としていながらも、「生きること」と向き合い、自分の意思を周囲の人たちに伝えていた。さらには子どもたちがもつ力によって、家族だけでなく周囲までもが子どもたちからたくさんの幸せと多くの出会いと繋がりを運んでもらい、「生きる力」を得ていた。

また、子を持つ親として、不安や苦しさ、時には子どもが望み、行いたいことも教育機関や地域においての安全性の確保等から、できないことや困難だったこともあり悔しい思いがあった出来事もあった一方で、寄り添ってくれた人たちによって心から助けられた経験や子どもたちの成長が糧となった出来事等も記されている。

本書の出版年月以降の令和3年9月に「医療的ケア児及びその家族に対する支援に関する法律」も施行され、「医療的ケア児」について知っている人も増加し、各機関等でも対応もされているであろう。では、今この書評を読んでくださっているあなた自身は、どのくらい医療的ケアが必要な子どもたちや家族のことを知っているだろうか。本人や家族にはどんな思いがあったか、そして自分自身はどのくらい「生きること」と向き合っているだろうか。今一度考えてみてほしい。人として同じ世界を生きていく中で私たち一人ひとりが誰かに対して寄り添うことによって何かが補える可能性もある。またそれは医療的ケアを必要とする子どもたちのもつ力が私たちにも様々な気づきや力を与えてくれる可能性も秘めている。そういった連鎖へ導かれるような本となっている。

本書で著者の野辺が表現している「やさしい連帯の輪を生み出し、『社会に新しい力をもたらしてくれる子どもたち』」がより多くの人たちとともに世界を変えてくれる力があることを信じ、この本をお勧めしたい。

上田夏生（社会福祉振興・試験センター）

書評

『**自分で始めた人たち**——社会を変える新しい民主主義』 宇野重規著
（大和書房、2022年刊）

　本書の著者である宇野重規氏は、トクヴィルの研究などで知られている政治学者である。トクヴィルは19世紀のフランスの思想家で、若き日にアメリカで目の当たりにした民主主義を題材にした著作がよく知られている。氏は、政治思想史のフレームを通して今日の民主主義のありようを論壇で提起し続ける巨人である。ところで、先の日本学術会議の任命拒否問題においては、その渦中にあって翻弄された一人が氏である。

　地域の福祉を追究する私たちにとって、民主主義は暗黙のうちに了解されているように思いがちだが、新自由主義経済やポピュリズムが台頭し、国家間の紛争や自然災害が一瞬で日常を奪い得る不安定な社会にあっては、世界規模の文脈から影響を受けてアドホックに形成され、優しい顔も恐ろしい顔も見せるのが民主主義だということを忘れてはならない。ただ、私たちに不変なのは、人々の日々の暮らしの中にある温かな思いと、それを原動力とする頼もしい行動や驚くべき創造であり、それに感動し、地域福祉の拠りどころとする私たちの心のもちようであろう。

　さて、本書は、東京大学公共政策大学院と諸団体が開催する「チャレンジ!! オープンガバナンス（COG）」と川崎市で行われている「東大全学体験ゼミナール」が元になっている。COGは、自治体と共に課題解決を図る市民や学生チームがアイデアを寄せるコンテストである。氏がそれらの場で出会った人々との対談から7篇のストーリーを紡ぎ出したのが本書である。「地域の問題解決に住民自らがいかに取り組むか、そのための実践的な民主主義を考える」のがねらいとされる。ポイントとして、①デジタル化時代の民主主義、②日常に根差した民主主義、③社会を変える人の力が挙げられる。

　たとえば沖縄で貧困問題に向き合う学生団体を立ち上げた高校生（当時）が、コロナ下で躊躇する大人たちを巻き込みながらフードドネーションの開催に至る道のりが紹介される（1章）。若者の迸るようなエネルギーが、SNSリテラシーが、地域を覚醒させるのである。また、自ら里親をしながら制度の建てつけに疑問を持ち、地域全体での子育て環境づくりを進める女性が登場する（5章）。その「つながる力」と、子どもを主権者として捉える信念が彼女の行動を支えている。

　そのほか、政府主導のデジタル化がむしろ民主主義の対局に向かい得るとの懸念からのオープンガバナンスの提起（2章）、「講」の伝統と都会的な新しさが共存する地区でのコミュニティ運営（4章）など、それぞれの物語が生き生きと綴られる。「自分で始め」て、地域を元気にしていく本書の主役たちの熱量には圧倒される。

　偶然、各章の主人公は女性ばかりになり、氏はそれを「日本の可能性」と評する。トクヴィルも議場でなく市井の人々に民主主義を見たのだが、社会を変えるアイデアや活力が地域に満ち満ちていることに励まされる。

　何事においてもそうだが、既成の概念枠組みを一旦外してみることで本質や全貌が案外見えることがある。時に他のディシプリンの良書から眺めてみることで、地域福祉の原理や課題が再認識できるのではないだろうか。

加山弾（東洋大学）

書評

『私はカーリ、64歳で生まれた』
Kari Rosball・Naomi Linehan 著
速水望訳
（海象社、2021年刊）

"ヒットラーの子どもに生まれて……"という風変わりなトークショーが池袋のジュンク堂書店で開催された春の夜、友人たちと誘い合って出かけた。終了後、本書を購入してサインしてもらう人びとの長い列に並び、その後も繰り返し読んだ感想を私たちはシェアしている。

カーリは、ナチスの親衛隊長ハインリヒ・ヒムラーの指揮下で行われたレーベンスボルン・プロジェクト（親衛隊員たちがアーリア人の女性を妊娠させ、優位な人種をつくることを奨励した生殖プロジェクト）の成果として1944年9月6日にノールウェイのオスロで母オーセとドイツ兵の間に生まれ、終戦後3歳の時移送されたスウェーデンの孤児院で巡り合った養父シーモンの愛に育まれて、就職・結婚・出産・伴侶との死別、再婚、乳がん……次々に襲い掛かる人生の危機を乗り越え強く生き抜いてきた。

カーリは、死別した夫ダニエルとの間に儲けた一人息子のローゼルと、再婚した15歳年下の夫スヴェンを伴って来日し、数奇な生い立ちを語って聞かせてくれた。

ドイツのブレーメン郊外の「レーベンスボルン博物館」に保管されている大量の母子の写真を見て、カーリ自身も生命の泉プロジェクトで生まれた残酷な歴史を直視し、戦争のない平和な世界を希求している切実さに、私たちは皆一様に深く頷かされている。

私は数年前の真冬にコルチャック先生の事跡を訪ねてポーランドに出かけ、トレブリンカの絶滅収容所、アウシュビッツの強制収容所を訪問した。ナチスのユダヤ人絶滅政策についてはこのように膨大な記録や遺跡が残され、よく知られているが、その裏でアーリア人の増殖計画が進んでいたことは初めて知り、衝撃が走った。

カーリは農業を営む養父母に引き取られ、平原や草地、森、湖が広がっているスウェーデンの農村マレクサンデルで愛情深く育てられた。14歳の時、学校帰りに働く先をシーモンが確保してくれ、スヴェン・ストルペ（大学教授で有名作家）一家の年若い家政婦として海外にまで広がる視野を獲得した。17歳で、都市リンショーピングに出て病院の看護助手として働き始めた頃、大学生ダニエルと出会って結婚し、ローゼルを生んだ。

ローゲルが2歳になったころ、ダニエルが重病にかかり、夫の看護と子の養育の2者択一を迫られたカーリは、離婚して病院の仕事に戻り、養父母の手助けを得ながらローゲルを育てた。ところが養父が突然病死してしまい、リンショーピングに戻って働くことになったカーリは、ローゲルを里親に預けざるを得なくなった。しかし2年後にローゲルを引き取るときには、新しい家庭と、仲良くなった姉妹からローゲルを取り上げることに負い目を感じるほどであった。

その後に高学歴の失業者スヴェンと再婚し、移住先でアイルランド・スカンジナビアクラブの歴史学者たちと出会って「レーベンスボルンの赤ちゃん」だった出自が明らかになり、「64歳で生まれた」のである。

本書は刊行から年数がたっているが、私は、『アンネの日記』同様に日本の子ども若者成人に読み継いでほしいと願う。そのためには、学校や地域の図書館にリクエストし、配架してもらうのがよいかもしれない。

川名はつ子（一般社団法人ピノッキオ、
早稲田里親研究会）

投 稿 規 定

1 本誌に発表する研究論文（原著論文及び奨励論文）、実践報告は、いずれも未発表のものに限る。いずれも査読を有とする。
　研究論文は、本誌編集方針に合致する研究に関する論文とする。
　実践報告は、本誌編集方針に合致する実践内容に関する報告とする。
2 投稿者は、本研究所所員、本誌定期購読者に限る。
3 投稿は、原則として自由投稿とする。
4 投稿原稿の掲載の可否や順序等は本誌編集委員会において決定する。
5 投稿にあたっては、Word または pdf 形式のファイルでの提出を基本とする。手元に投稿用ファイルは保存するものとする。紙媒体の場合、コピーを含めて３部、原稿を提出する。また、投稿に際し、必ず手元にコピーを保存するものとする。
6 投稿された原稿は、原則として返却しない。
7 投稿の受理日は、投稿者に個別に通知する。
8 採用の可否については、受理日から基本６ヵ月以内に投稿者に個別に通知する。
9 採用された研究論文、実践報告は、電子媒体での原稿提出を求める。
10 著者による校正は、原則として初校のみとする。
11 掲載論文、掲載報告については、掲載誌１部を進呈する。別刷りを希望する場合は有料とする。
12 原稿の送付先は下記の通りとする。
　　　〒 111-0053　東京都台東区浅草橋４－ 20 －７　山畑ビル２Ｆ
　　　特定非営利活動法人日本地域福祉研究所内　『コミュニティソーシャルワーク』編集委員会
　　　E-mail：cswreiwa2020@gmail.com

執 筆 要 領

1 原稿は、原則としてパソコンで作成し、Ａ４用紙横書き 1,600 字（40 字× 40 行）に設定する。
2 投稿原稿は図、表、注を含めて概ね８枚以内（12,000 字以内）とする。
3 投稿にあたっては、タイトル、所属、氏名、連絡先を記載した表紙をつけ、本文にはタイトルのみを記載し、所属や氏名を記載しない。また、本文や註記によって、投稿者氏名がわかることのないように配慮する。
4 文体は口語体で、文字は新かなづかい、常用漢字を原則とする。
5 図・表は、別紙にて提出する。図・表の挿入箇所は本文に明記する。なお、場合によっては、執筆者に自己負担を求めることがある。
6 注及び引用文献については、文中の該当箇所に（１）、（２）…と表記し、原稿の最後に一括して記載する。

査 読 規 定

1 評価方法については以下の通りとする。
　（１）１論文につき２名の査読委員が担当し、各々Ａ～Ｄの４段階評価を行う。
　　　　Ａ：無条件採用、Ｂ：条件付採用、Ｃ：修正後に再査読、Ｄ：却下
　（２）２名の評価が異なる場合には、編集委員長及び副委員長の協議により決定する。
2 査読委員については以下の通りとする。
　（１）査読委員は、原則として日本地域福祉研究所客員研究員及び研究員とする。
　（２）編集委員会は投稿論文の内容を精査し、適切な査読委員に査読を依頼する。
　（３）実践報告の査読については、１名は実践に従事する査読委員が担当する。
　（４）査読委員が論文を投稿した場合には、当該号の査読には携わらない。

編集後記

◆12月の凛とした空気に、一年を振り返る季節となりました。本号では、地域福祉や震災時の教訓を通じて、ケアが二元的な関係を超え、相互に支え合う「相互ケア社会」へと広がる様子を感じています。本誌が皆様に心温まるひとときをお届けできれば幸いです。暖かな年末年始をお迎えください。（E・O）

◆子ども食堂や高齢者ふれあい食事会を開催している地域の多世代の居場所スタッフが、ベジタリアンの研修を受けた。一品だけ野菜料理を取り入れることにして、ほうれん草の白和えや、レンコン・人参・ごぼうのきんぴらなど。大人向けには徹底的に動物性食品は避けるが、成長期の子どもには卵・牛乳は摂らせてもいいそうだ。（H・K）

◆福祉人材確保が深刻化している。人材不足は社会福祉法人が地域公益的な取組を進める意欲をも減退させている。福祉人材確保は、業界を挙げて取り組まなければならない重要な課題である。現在、有料職業紹介所が高い手数料を取ることが大きな問題となっており、厚労省も通知を出した。今こそ福祉人材センターが重要であるが、都道府県社協に設置されている福祉人材センターは、不思議なほど知られていない。一方、民生委員やボランティアなど地域福祉を支える人材も減少が激しい。豊かな福祉の学びが必要である。（O・N）

◆コロナ禍での規制も緩和され、人々が街に溢れている様子がうかがえる。人々がマスクなしで、笑顔で話している姿を見ると自由に外に出られるようになった嬉しさ、人に会える嬉しさなど様々な感情があるのだろうと思う。また地域でもお祭りなどが行われるようになり、街並みにも活気が戻ってきている。人と人が繋がることが如何に重要であったか、改めて考えるきっかけになったと感じている。（N・U）

◆令和6年能登半島地震の発生からはや1年が経とうとしている。お正月が近づくごとに、発災時の記憶がよみがえり気分が落ち込む、という声が寄せられている。各フェーズにおけるニーズを把握し必要な支援が届けられるよう、今後も被災者に寄り添い、全国の福祉関係者等の知恵・力を借りながら真摯に対応していきたい。（M・N）

〈編集委員〉

田中英樹〔編集委員長〕（日本医療大学）　　染野享子（法政大学大学院多摩共生社会研究所）
加山弾〔副〕（東洋大学）　　　　　　　　　呉恩恵（茨城キリスト教大学）
中島修〔副〕（文京学院大学）　　　　　　　駒井公（全国社会福祉協議会）
神山裕美〔副〕（大正大学）　　　　　　　　野口茉衣（金沢市社会福祉協議会）
川名はつ子（早稲田里親研究会）　　　　　　山田詩織（都内スクールソーシャルワーカー）
大島隆代（文教大学）　　　　　　　　　　　上田夏生（社会福祉振興・試験センター）
長谷川真司（山口県立大学）

コミュニティソーシャルワーク 33号

発行年月日　2025年1月28日

発　行　NPO法人　日本地域福祉研究所
　　　　〒111-0053　東京都台東区浅草橋4－20－7　山畑ビル2階
　　　　ＴＥＬ：03-5839-2799　　ＦＡＸ：03-5839-2798
　　　　メール：jicsw@mx3.alpha-web.ne.jp　　ホームページ：http://www.jicw.jp/
　　　　郵便振替：00140－4－373623
　　　　加入名義：NPO法人日本地域福祉研究所編集委員会

編集協力　萌文社

発売元　中央法規出版株式会社
　　　　〒110-0016　東京都台東区台東3－29－1　中央法規ビル
　　　　営　　業　TEL　03-3834-5817　FAX　03-3837-8037
　　　　書店窓口　TEL　03-3834-5815　FAX　03-3837-8035
　　　　ホームページ：https://www.chuohoki.co.jp/